U0114564

台灣民主化的經驗與教訓

朱高正作品精選集　第二卷

學生書局印行

序

吳大猷

日前朱先生贈我其新作《朱高正作品精選集》三卷書稿，並囑我為本書作序。

朱高正先生於民國七十四年（值而立之年）獲德國波昂大學哲學博士學位，自翌年當選立法委員以來，在立法院論政議事，迭創新猷。朱先生敢言敢當、擇善固執，尤異於媚俗成習、阿諛成風的台灣政壇。

朱先生除對台灣民主化著有貢獻外，更有鮮為人知的學術成就。民國七十九（一九九〇）年，他在德國出版的學術著作《康德的人權與基本民權學說》，被全球哲學權威刊物《康德研究季刊》（Kant-Studdien）評論為研究康德法權哲學的四本必讀著作之一。此外，朱先生長年來鑽研博大精深的《易經》有成，近日在無線衛星電視台（TVBS）主播「乾坤大挪移」，佳評如潮，對國人重新瞭解傳統文化的精華頗有助益。放眼當代知識份子能兼治康德與《易經》者，實不多見，況朱先生爲活躍的政治家，洵屬難得。

朱先生於公餘之暇，寫作勤奮，以其良好的學術訓練爲基礎，對法政、社經、文教等各類問題，做廣泛而深入的探討。返國十年來，已出版中文著作合八大册，逾一百二十萬言，字字珠璣、擲地有聲。今特自其中選出四十餘萬言，再加上新作合約五十萬言，名爲《朱高正作品精選集》，分三卷：

第一卷《現代中國的崛起》，所收錄的文章以「立足傳統的國家現代化理想」爲主，旁及兩岸三地的和平統一問題。朱先生向來主張以我國傳統優秀文化，融合——工業革命後西方思想的兩大流派——「自由主義」與「社會主義」，以爲完成中國全方位的現代化，提供一堅實的理論基礎。其格局之大，視野之寬，令人折服。

第二卷《台灣民主化的經驗與教訓》，以闡揚「立憲主義的國家哲學」爲主軸，間及內閣制政體與政黨政治，頗可一窺朱先生前後一貫的憲政理想。尤其〈天下至廣，非一人所能獨治〉一文，分析事理、引古諫今，其膽識與才學，實不多見。

第三卷《縱橫古今談》，主題爲「生活與家庭」、「歷史與讀書」、「教育改革」、「公共政策」與「對話錄」。其中言論，處處流露出朱先生的精湛學養，尤其〈不是達爾文的錯〉足令生物學者折服，而〈千古一帝秦始皇〉，尤令秦漢史專家自嘆不如。他可以說是一個重視傳統價值，而又能與時推移、並賦予傳統新生命的思想家。

朱先生十年來一直是個極具爭議性的人物，這套書的出版，應可提供大家第一手的資料。想要了解朱先生這個人，就一定要看他的書；關心國家前途的人，也非看他的書不可。朱先生治學之勤勉，問政之純真，在在使得筆者深信他的思想一定會對二十一世紀的中國產生極大的影響。筆者雖不曾深研政治，但樂於爲之作序，藉以略表對其肯定與敬佩之意。

朱高正作品精選集 第二卷

台灣民主化的經驗與教訓

目錄

目錄

回歸民主憲政

內閣制民主政體

政黨政治之路

立憲主義的國家哲學

爲「自由主義」正名

——「自由主義」再出發前的備忘錄

不論在台灣或大陸，一般人對自由主義的了解毋寧是膚淺的、英美式的，認爲它與資本主義相表裡，具有高度騎牆性格，這樣的認知是片面而且不完整的。其實自由主義和社會主義在理論上並不必然相矛盾，在聯邦德國更已落實到政治生活當中。在台灣和大陸，自由主義實有重新出發的必要！

今天在臺灣不論學術思想界或從事社會、政治改革的團體中，一提起「自由主義」，無疑地馬上會引起一番爭論。在大學執教的所謂「自由主義」學者們會侃侃而談，何以「自由主義」是解決當今政治癥結的不二法門，他們鄙視那些指責「自由主義乃是爲資產階級服務」的論調，係偏執於虛妄的意識型態的不切實際的高論。反之，一些自認思想前進的人士在受「新左派」思潮影響之餘，一再强調「自由主義」的階級屬性，並聲稱「自由主義」乃是資本主義的化身，就它强調「契約自由」、「自由貿易」而言，其實是「自由役使經濟上的弱者」、「自由剝削經濟上的弱國」。社會主義一反資本主義强調「自由」，其基本理念是「平等」：每個人都是上帝所創造的，人不該剝削人，人不該相互迫害，站在衆人平等的基礎上，建立彼此友愛的社會。就左派人士的立場來看，社會主義社會乃是繼續資本主義社會而來的更符人性、更爲進化的新社會形態，因此，他們也自認爲是進步的，反之，主張「自由主義」者是落伍的、反動的。

自由主義與社會主義相互輝映

上述這種對立的情形也的的確確反應在近四十年來臺灣的思想界上。自胡適以降，殷海光、文星時代的李敖等執思想界牛耳的巨擘們莫不標榜「自由主義」。直至六〇年代末期，臺灣開始發展加工出口區的勞力密集工業，隨即產生不少新的、與初期工業社會密不可分的社會問題，這也促使了大家開始對「自由主義」產生疑竇，南方朔所著《中國自由主義的最後堡壘》一書，正是對胡、殷以來的「自由主義」首次展開抨擊。但是「自由主義」並未因此而遭致命的打擊，一些擁有清望的學者，如胡佛、李鴻禧、張忠棟、呂亞力等，仍莫不以「自由主義者」自許。

平心而論，兩派的論點均擁有部份的真理，兩派的立場也並非如想像中的完全對立。以德國近現代史爲例，今天在學術界公認，「自由主義」在十八世紀的啓蒙運動時代達於頂峯，其整個理論架構完成於德國哲學家康德（一七二四—一八〇四）。到十九世紀下半葉，有關康德政治思想的研究出現新轉機，有一批康德學者投入社會主義運動的洪流裏，其中以Karl Vorlaender 與Max Adler兩人最爲著名，他們發表了一系列的專門著作，闡述社會主義思想在康德哲學中的淵源。相反的，共產主義領袖中，受康德感召者亦不在少數，其中尤以後來被批判爲修正主義的柏恩斯坦最爲有名。由此可見，至少康德發展出來的「自由主義」與十九世紀末的社會主義思潮不但不對立，且可相互輝映呢！

臺灣原有對自由主義的了解是膚淺的

與康德政治哲學出現社會主義觀點相呼應，自一八七一年以來的第二帝國議會裏的自由主義者亦分裂爲左、右兩派，一爲右派的「國家自由黨」，一爲左派的「進步國民黨」。第一次世界大戰後，在威瑪共和期間同樣出現兩個標榜「自由主義」的政黨，一爲由大資本家所資助右派的「德意志國民黨」，一爲由小資產階級、中智階級所組成左派的「德意志民主黨」。由此可知，「自由主義」之分裂爲左、右兩派，不僅是學術思想上的事實，也是在現實政治鬥爭中不可漠視的既存現象。

因此，「自由主義」不必然與「資本主義」連結在一起。固然，「自由主義」起源於英國彌爾頓、洛克，後來更由亞當・斯密就其在經濟領域之應用予以發揮，而予人誤以爲「自由主義」與「資本主義」爲一體之兩面。更不幸者，在臺灣近四十年來的「自由主義者」均接觸英文資料，如胡適、殷海光等，均深受羅素的影響，殊不知，「自由主義」其理論徹底的建立，諸如人的尊嚴、人的自由、自主、自律，實完成於康德。至於何以康德哲學會出現左派，現實的「自由主義」黨派中會出現左派，這根本上與十九世紀中葉以來激烈的工業革命所帶來的社會問題分不開。易言之，將康德哲學用來解決不公、不平、强淩弱、大欺小的社會問題，就自然而然出現「左派的自由主義」（Linksliberalismus）或「社會主義的自由主義」（Sozialistischer Liberalismus）。臺灣原有對自由主義的了解，毋寧是膚淺的、英美式的，與資本主義或個人主義相表裏、具有高度騎牆性格的「自由主義」，它是片面的、不完整的自由主義。相反的，來自「進步份子」對此種「自由主義」的批判，也是不能轉嫁到康德所發展出來的、哲學意涵的「自由主義」上，這就是何以今天在臺灣還有重新談自由主義的理由所在。

自由主義有重新出發的必要

德國左、右兩派自由主義者經過長期鬥爭的結果，也反應在今天西德基本法的制定上。依據該基本法第廿條規定，西德國家法上確立了兩個根本憲政原則，即「法治國家性」與「社會國家性」。所謂「法治國家性」乃是秉承傳統的自由主義，即經由憲法與法律明確規定國家公權力的權限，並爲個人與公權力的關係開具出一人權清單來，國家必須依法行政，尊重人權。至於「社會國家性」則是對上述

「法治國家性」之修正與補充，譬如財產權固然是基本人權，但它也應負有社會義務，爲了維護社會正義，得對財產權予以限制，而打破了傳統所謂「財產權神聖」的說法。由此可知，「自由主義」與「社會主義」在理論上不但不相矛盾，且在西德也已落實到政治生活。大家是否也同意，在今日臺灣，「自由主義」有重新出發的必要呢！

——《自由台灣》一九八六年

到底什麽是「自由主義」

——兼論「自由主義」在政治、經濟、社會範疇的基本見解

自由主義之終極目的，乃在於建立一套政治、經濟和社會的新秩序。此種國家生活秩序，一方面應奠基在「個人的自主與自由」之上，另一方面也應以維持並保障此「個人的自主與自由」爲其目的。

在《自由臺灣》創刊號裏，筆者發表了〈為「自由主義」正名〉一文，對多年來存在於臺灣政治思想界有關「自由主義」的論爭，做了一極簡要的說明。其結論是，臺灣向來對「自由主義」的了解是膚淺的，不但昧於「自由主義」的理論基礎，對「自由主義」的實際運作亦茫然無知。因此，產生了過分簡化的二分法，將「自由主義」與「社會主義」視為相互矛盾、水火不容的兩種不同的世界觀、價值觀。

自由主義絕非舶來品

上述這種對「自由主義」的誤解，引發了許多白費口舌的、毫無意義的爭論。首先是那些自命「自由主義」的人士有意無意間貶抑了「社會主義」的正義要求，曲解了「社會主義」的理論架構，不知不覺中做了「野蠻資本主義」的幫兇。其實，「社會主義」對「異化了的工作」（Entfremdete Arbeit）所做的分析，從而對資本主義社會的整個生產、消費、分配等過程提出全面性的批判，不正是為了要求個人有免於經濟上被壓迫的自由嗎？不正是在替經濟上的弱者向經濟上的强者爭平等嗎？這個為每個人，不論其為富為貧，爭取自由、平等的主張，不正是「自由主義」的基本主張？多年來的「自由主義者」在為既得利益護航之餘，捫心自問，能不深覺汗顏嗎？

相反地，一些自認思想較爲前進的人士，以服膺社會主義或新左派相標榜，他們也的的確確在某種程度上發揮了制裁某些資本主義幫兇的功能，但是在反擊那種和資本主義掛勾的自由主義之餘，是否也可將資本主義的自由主義普遍化爲一切的自由主義呢？是否在批判所謂的「自由主義」之餘，也該憶及，普受景仰的柏恩斯坦雖然是社會主義運動的領袖，卻也是自由主義宗師康德的信徒呢？且社會主義的哲學基礎乃奠立在每個人應有充分發展其個人人格的自由上，而這個主張不正是自由主義所立證的嗎？

《自由臺灣》第二期，又刊出了筆者另一篇文章〈重建「人格自由主義」〉，副題是「自由主義的思想淵源及其本土性」。這篇文章的立意有二，首先是針對「全盤西化派」的立場，强調自由主義絕非舶來品，自由主義就其哲學上的立證言，與中國的儒家思想相通。就其文化史而言，乃是啓蒙運動的思想家自一個非基督教的中國學到，理性乃是人的本質，經由理性可以建立一優良的社會禮俗與典章制度，反觀「全盤西化」論者對這一段歷史了解不夠深刻，而對自由主義的哲學基礎亦鮮有所知，再加上其所熟稔者，係偏於與資本主義相表裏的自由主義，而不是「人格自由主義」，因此，向來視自由主義爲舶來品，這從胡適、殷海光等人的作品中可以得知。

「人格自由主義」淵源於儒家思想

針對「全盤西化派」的論調，也出現了一批自以爲是的「國粹派」，其勢力之崛起尤以六〇年代中葉以後爲最，他們以復興中華文化爲己任。所謂「中華文化」對「國粹份子」而言，乃相當地狹隘，原以國字號文化爲限，即國語、國文、國畫、國劇、國樂、國術、國學……等，一言以蔽之，即當權的國民黨所致力的文化政策。至於方言、鄉土文學、民俗藝術、地方戲曲、音樂……等，則遭有計畫的排擠、拒斥。他們和西化論者一樣，誤以爲自由主義（「人格自由主義」）爲舶來品，殊不知這種自由主義是我們「古已有之」的精神遺產。

依世界各自由民主國家之憲法原則，「文化」本屬國家公權力不得介入之專屬於人民的自由創造領域，如果國家公權力擬定文化政策，意圖鼓勵某種文藝創作方向，即意味著忽視或壓抑其他的創作方向，不管政府之立意如何，擬定這種政策即牴觸自由民主國家之基本觀念，其政策當然自始無效，其相關法律、命令亦自始無效。這種見解係導自「人格自由主義」，而此種自由主義正與儒家思想相貫通，甚至可以說淵源於儒家思想。「國粹派」排斥「人格自由主義」，助長「國字號文化」不正常的膨脹，正是「國粹派」人士昧於傳統文化，甘爲統治者鷹犬的最佳寫照！

綜上所述，拙文〈爲「自由主義」正名〉乃是針對「自由主義者」與「社會主義者」間的爭論，提出化解之道；而〈重建「人格自由主義」〉一文，則在「全盤西化論者」與「國粹派人士」間之對立，提出另一層之見解。誠然，所謂的「自由主義者」多爲「西化論者」，而「社會主義者」與「國粹派人士」間之關係則較爲複雜，在此不擬深論。總之，在問題的提法上，筆者做了一次大膽的嘗試。在提出「人格自由主義」之後，各界反應熱烈，因此，筆者擬對自由主義做一系列的介紹。在此之前，則擬先對自由主義的先行假定予以探討。

自由主義的內涵

到目前爲止，我們已經對一些有關自由主義的浮面現象予以澄清，也對自由主義的思想淵源及其本土性做了概括的說明，但是，「到底什麼是自由主義？」這個問題，一直尚未予以正面地回答，在此筆者擬界定自由主義爲：

> 「所謂自由主義乃是泛指一切的理念、理論、運動或組織，其主張乃在於建構或維持一個——奠基於個人的自主和自由之上的、並以實現和保障此個人的自主和自由爲目的的——政治、經濟及社會秩序。」

由這個定義，吾人可就下列三點來了解自由主義的內涵。

㈠自由主義之表現方式，可能是理念、理論、運動，也可能是組織。所謂「理念」係指根本的價值體系而言，諸如個人的自主、自由、自律、自決、自治等。「理論」乃相對於「實踐」而言，它涉及「理念」在現實條件下如何落實的思想架構。「運動」指的是如何將「理念」藉著與他人或其他團體的論辯而擴散出去。「組織」則較「運動」更上一層樓，其在現實上，則表現在政治結社，尤其是政黨上面。

㈡自由主義之核心概念乃在於「個人的自主與自由」。上述的「理念」、「理論」、「運動」或「組織」都是圍繞著這個核心概念而運作。

㈢自由主義之終極目的乃在於建立一政治、經濟和社會秩序，而此種國家生活秩序一方面奠基在「個人的自主與自由」之上，另外一方面也以維持並保障此「個人的自主與自由」爲其目的。

從自由主義的表現方式、核心概念和終極目的三個面向，吾人當可對自由主義有一粗略的了解。現在筆者擬先說明自由主義的先行假定，然後分別就自由主義如何具現在政治、經濟與社會等三個範疇加以介紹。

自由主義的先行假定乃在於肯定「個人的自主與自由」爲至高無上的基本價值，這種見解其實導源於啓蒙運動時代的人性觀。在那個時代，人被認爲是適於自由及持續解放的。他可以理性地運用其自由，他是獨立自主的價值創造者。每個人，就他是理性的負載者而言，其地位遠高於其所屬的社會，社會的進步與和諧實有賴於個人自主、自由的實現。這些理念及理論之嚴謹論證體系由康德所完成，有關人的自主與自由的論述，見於他的道德哲學；至於社會，乃至於全人類的進步與和諧均奠基在個人的自主與自由之上，則散見於他的歷史哲學著作中，有關這兩部份，容後另文介紹。

國家公權力絕非統治者所得私有

在此筆者只想强調，由於「人的自主與自由」爲「人格自由主義」的中心概念，因此，「人格的自由發展」也就成爲自由主義的主要訴求。它要求人可以不受宗教、政治、經濟、社會的强制，在各個生活領域中，去成就每個人的自立自主、自由自治，以及自我負責。其次，由於每個人均可擁有不可讓渡的自由發展其人格的權利，就成就「人格的自由發展」而言，所有的人一律平等，不因性別、年齡、職業、財富、愚智……等經驗條件而有所區別。這個平等權包含了在法律上及政治上的平等，尤其重要者，實爲每個人均有參與政治、經濟與社會生活的機會平等權！

因此，在政治方面，自由主義的立場是建立一立憲主義國家，在此，國家公權力並非漫無限制，而應受憲法及法律的約束，任何恣意的暴虐統治均屬違憲、違法。國家以保障人民的權利爲目的，而不是人民爲國家而存在。在立憲主義國家的憲法裏都明列出「基本人權清單」，這個清單爲人民保障有一個專屬於他們的、免於任何國家公權力侵犯而由國家公權力所保障的個人自由發展的領域。譬如，宗教自由，國家不得制訂任何法律規範民間的宗教組織，操縱人民的宗教生活。所有的人在權利上一律平等，不得有所謂的特權階級存在，因此，國家公權力絕非統治者所得私有、私相授受，國家公權力應爲全體人民所共有，這就是「國民主權思想」。自由主義在政體上大多採行「議會民主制」，經由公開、普遍、平等而自由的選擇，人民委任其代理人組成議會，以爲公共福祉的代言人，政府必須向議會負責，而不是政府來左右議會，這就是「國會至上主義」，其實「國會至上主義」不過是「國民主權思想」的具體化而已。

社會的市場經濟

在經濟方面，傳統的自由主義者「自由的市場經濟」（現在西德已因融合社會主義的主張，而改採「社會的市場經濟」），亦即國家的責任僅在維繫一個生產者與消費者自由追求經濟利益的經濟秩序，國家不應介入民間的經濟活動，國營或公營事業應減至最低限度，以免國家公權力以特權或其他不正當方式破壞整個「自由市場經濟」的運作，這就是所謂的「放任政策」（Laissez faire）。國家公權力頂多只是在制訂法律，保護此自由競爭而已。因此，早期的自由主義者稱最好的國家爲干涉最少的國家，即所謂「夜警國家」，除了守夜（維繫金融體系、交通治安）而外，什麼都不干涉。上述這些見解在劇烈的工業化社會來臨前，尚不致有窒礙難行者，但自十九世紀中葉以降，則助長資本主義強凌弱的氣焰，多有可議之處，因此，自由主義乃有從「自由市場經濟」轉而支持「社會的市場經濟」的調適，以期起碼的社會正義能由此轉變獲得滿足，詳情亦容後另文討論。

「社會」乃獨立於國家之外的生活領域

在社會方面，自由主義者提倡建立一個——讓每個人均能獨立自主，依其自定的倫理規範、哲學觀或宗教觀來塑造自己的生活方式的——社會秩序。因此，國家，在世界觀上，應保持中立，以期建立一個對各種立場、思想、世界觀的個人同樣地寬容的開放社會，持有不同立場、思想、世界觀的人在社會上可以各自自由發展，在法律上享有同等的保障，這就是「多元化的社會」。國家不應介入民間的自由結社，譬如說，舉辦「金鐘獎」，切切不得由新聞局來主辦，協辦也不宜，它應由民間組織（即中華民國廣播電視協會與其他廣播界、新聞界、各電視臺……等）共同組成。因爲，在評審過程中難免有爭議發生，假使公權力介入，則易以其所偏好者爲是，以其所鄙視者爲非，進而影響今後節目製作方向、報導重點的轉移，甚至評論亦將受左右，這就違反了自由主義的基本主張：「社會」乃獨立於國家之外的生活領域，有其自存的根源，個人也只有在社會中才能充分自由發展其人格，如果公權力操縱了「社會」，那個人自由發展其人格之權利亦將不保，這就是國家不能操縱社會的理由。

綜上所述，自由主義確實是「建構或維持一個——奠基於個人的自主和自由之上的、並以實現和保障此個人的自主和自由爲目的的——政治、經濟及社會秩序」的所有「理念、理論、運動或組織」之總稱。

——《自由台灣》一九八六年

重建「人格自由主義」

——談「自由主義」的思想淵源及其本土性

本文企圖以「人格自由主義」貫串儒家思想與康德哲學爲一體，而以康德哲學（尤其他的國家哲學與法律哲學）來吸納西洋近現代進步的典章制度，以促進臺灣的民主化與自由化，並從而根除那些發自「國粹派」的所謂「不合國情」的守舊論調。

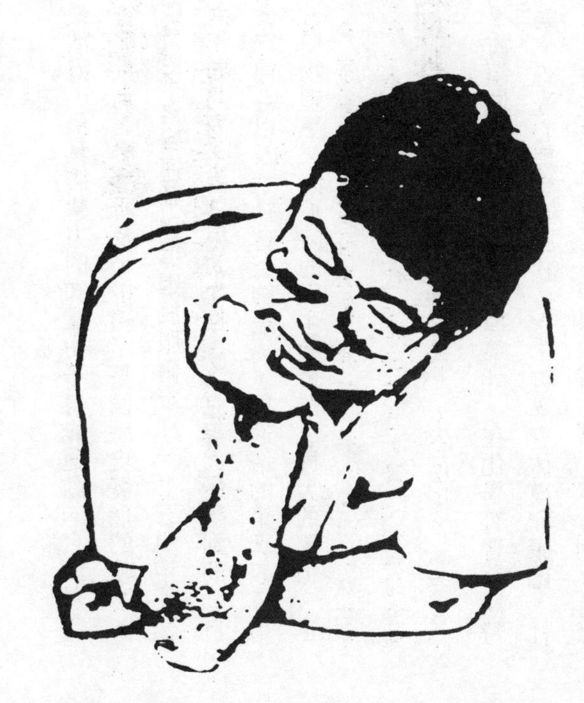

啓蒙運動是歐陸文化史上最活潑、最具衝擊力的知識份子自覺運動。它針對當時的社會、文化進行全面的反省與批判，影響所及，扭轉了整個歷史發展的軌跡。啓蒙運動之成爲普獲支持的知識份子自覺運動係導因於服爾泰在一七三四年發表《哲學書函》，將他流亡在英國兩年期間內，由培根、牛頓、洛克等人所學到的「自然科學新研究法」、「運動三大定律」以及「社會契約論」，用通俗的筆調表達出來，不但震撼了當時流行的笛卡兒物理學，對彼時的天主教會造成極大的壓力，也爲後來的法國大革命催生。

人的本質就是理性

這個運動的廣度遍及各個學術領域：除了牛頓的物理學外，在化學有普萊斯特利和拉瓦錫，在植物學上有林奈，感覺心理學有康狄拉克，哲學有休漠和康德，社會科學有維柯，刑法學有白卡雷，經濟學則有奎斯納與亞當斯密，教育制度有盧梭，文學批評有列星，政治思想則以孟德斯鳩與盧梭最爲著名。當時的知識份子摒棄了傳統的束縛，在各個學術領域裏運用新的研究方法，獲得前所未有的成就。或是針對時弊，提出改革意見，或是大膽突破禁忌，提出新的研究成果。他們一直把持著一個相當樂觀的見解：人的本質，就是理性。

其實，啓蒙運動應該追溯到十七世紀末期。自一六九〇年哈勒大學已隱然成爲啓蒙運動的重鎮。吳爾夫（Christian Wolff）於一七二一年在哈勒大學公開發表演説，提及他的道德哲學，基本上和中國的孔子是一樣的。從法國耶穌會傳教士的報導裏，他對中國文化有相當程度的了解，他盛讚中國雖然不是基督教國家，卻擁有極爲良好的社會禮俗及典章制度，這個發現和歐洲人的歷史經驗大相逕庭。蓋希臘、羅馬以外的歐洲人皈依基督教以前野蠻無文，因此，認爲任何尚未皈依教會的地域也都是野蠻無文。吳爾夫則認爲這種推論是昧於事實的，他認爲沒有教會的中國之所以能發展出如此高度的文明，均拜孔子之賜。因爲孔子提倡理智的人生態度，擺脫迷信的羈絆，「不語怪力亂神」，處處「克己復禮」。可見「理性」除了在理論上可以發現、認識真理外，在實踐上也可以建立放諸四海而皆準的社會禮俗與典章制度，這與是否皈依基督教毫無關係。這種大膽的見解自然觸怒了當權的教會，因此，他雖然早已成爲萊布尼茲的傳人、歐陸理性主義的代表、望重士林的一代宗師，卻也免不了被迫離開在哈勒的教職。但是，三年後，他又回到哈勒，建立了徹頭徹尾的理性主義，以「理性」爲人的本質，認爲經由理性，一切的弊端均可掃除，經由理性，人類社會可以不斷進步，以至於完美無缺。

城市中產階級是改革社會的動力

上述這種見解於今看來未免過於樂觀、幼稚，但在當時的歐洲而言，實在是對長期被壓抑的個人，許諾以最率直的自我解放！十八世紀的歐洲雖然已掙脫出黑暗時代的中世紀達三百年之久，也已受過文藝復興、人文主義及宗教改革的洗禮，但基本上，仍只是停留在整理古希臘、羅馬文化的階段以及局部性地承認信仰自由而已。個人在整個社會中地位微不足道，貴族及高僧是天生的統治者，他們可以不識之無，卻仍然安居統治階級。反之，這些以哲學家自許的啓蒙運動人物，雖然學富五車，卻得聽命於不學無術的貴族及高僧。就在啓蒙運動的大洪流中，他們發現了「理性」的偉大，中國不就是活生生的一個例子嗎？沒有教會、沒有貴族階級也可以發展出高度文明的社會！只有理性才是改革社會的原動力，也只有理性才是人類進步的保護神。

在一六八七年出版的《自然科學的數學原理》一書中，牛頓不是證明了自然現象與宇宙奧妙可以還原爲簡單而普遍有效的數學原理嗎？大自然顯然不是教會裏的高僧所倡言的「上帝恣意的安排」，而是可以用「理性」像數學般地精確來加以預知的。同樣地，洛克在三年後，即一六九〇年匿名出版的《政府兩論》中，提出「社會契約説」，從而打破了「君權神授」的神話。他認爲國家乃是統治者與被統治者之間所訂的契約，人民將統治權讓渡與國家之時，也保留了某些不可讓渡的權利。人民固然有服從國家的義務，但是國家也有保障人民這些自然權利的義務。否則，人民自得使用導自自然權利的革命權，推翻政府，以爲自保。這正是「理性」應用在政治社會的必然結論，這也是啓蒙運動時代的自由主義之濫觴，它原本與當時新興的中產階級利益密不可分，這也可從服爾泰、狄特羅、奧巴等人的言論中，清晰看出。這些啓蒙運動的領導人物試圖喚醒城市中產階級，以爲改革落伍的封建社會之原動力。譬如服爾泰即曾言：

「吾人所須教育者，並非勞動者，而是善良的中產階級及商人。」

一切人都是同樣的自由、平等

這些偏向中產階級的質素一直要等到康德發出哲學意涵的自由主義後，才被清除乾淨。康德的主要著作一直致力於「純粹理性批判」、「實踐理性批判」，實不無原因。蓋在啓蒙運動時代，「理性」已成爲衆所稱頌的新口號、新信仰，這就好比五四運動時代德先生與賽先生是新青年所頂禮膜拜的對象一樣。因此，康德也把人界定爲「理論理性與實踐理性的主體」，即人類一方面得運用其理論理性認識客觀知識（如牛頓發現的自然律），另一方面也可以運用實踐理性成爲自己行爲的立法者。亦即人不是僅受「自然律」擺佈的客體而已，人也可以成爲「能知」的主體。此外，人也可以依循普遍有效的「自由律」，規定自己的行爲，並爲自己行爲的後果承擔責任，就這一點來講，人是絕對的道德主體。

康德寫於一七八一年的第一批判，即是在分析人之所以是「認知主體」的先天條件，於第二批判則在探討意志自由的問題。依照康德，就人是自我規定、自我負責的主體，在成就道德人格的可能性上——也即從人是理論理性及實踐理性的負載者上——來看，一切人都是同樣地自由，也同樣地平等！這與他的性別、國籍、家世、教育程度、收入、財富……等經驗因素毫無關係。這就是哲學意涵的、人格自由主義（Personalistischer Liberalismus）。

人的尊嚴不可侵犯

奠定在這個哲學意涵的、人格自由主義的基礎上，康德建構了西洋哲學史上最具規模、最爲莊嚴的國家哲學及法律哲學。這可從其晚年的作品中窺其全貌：《論俗語：在理論上可能是對的，但在實際上卻不適用》（一七九三年），《論永久和平》（一七九五年）以及畢生最後的偉著《道理形上學》（一七九七年）。康德的國家哲學及法律哲學也直接構成了當今西德基本法的根本精神，諸如最受稱許的第一條：

「人的尊嚴不可侵犯，尊重並保護此尊嚴乃一切國家公權力的責務。」

真是擲地有聲，何其莊嚴！古往今來，對人性的尊嚴從最謹嚴的哲學角度來立證的，大概除了康德而外，不作第二人想。康德所建構的自由主義對今天西德憲政生活的貢獻，早已是衆所共見的不爭事實。在此筆者想引述當代自由主義大師，也是《開放的社會及其敵人》的作者波普爾於一九五四年，爲紀念康德逝世一百五十週年替英國BBC廣播電臺寫的一篇論文（〈康德——啓蒙運動的哲學家〉後來納入《開放的社會及其敵人》一書）中的一段文字：

「康德對他的同胞而言，象徵著美國獨立戰爭及法國大革命所追求的理念。他是人權的導師，他宣揚著這些理念：法律之前人人平等，世界公民，永久和平，以及也許是更重要的，經由知識而自我解放。」

由上可知，康德對今天的臺灣具有非比尋常的意義，他生存在一個號稱「開明專制」的普魯士政府統治下，所面臨的威脅實非小可。早在法國大革命爆發後，他因表示出異於常人的關心，所以被普魯士政府列入「問題教授」的黑名單當中。後來又因批評教會，遭國王威廉二世警告，如繼續寫批評教會的論文，將予以收押，但他仍堅持知識份子的道德勇氣，提起如椽大筆，奮筆直書，留給後人豐富無比的知識寶藏。他對國家、法律的哲學見解，迄今在臺灣尚未有人予以評介，實是千古憾事！

人格自由主義

須知康德所建構的「人格自由主義」與我國傳統的儒家思想實多有相互發明之處，此外，誠如上述，康德將人視爲「理性存在者」（Vernunftwesen），乃是承襲自吳爾夫，而吳爾夫更自認其道德哲學與孔子相同，尤其推崇講理的人生態度。

爲了讓讀者諸君對康德哲學更感親切起見，筆者要特別强調康德的「人格自由主義」本非舶來品，它原是我國「古已有之」的寶貴精神遺產。爲了說明起見，筆者以下將拿康德的見解來與我國儒家的代表者相對比，證明這種「人格自由主義」具有高度的本土性：

康德第一批判在於說明人何以能認識普遍而客觀的知識，如自然律。須知，康德是那個時代有數的牛頓物理學家，他認爲客觀知識（如運動三大定律）乃是既與的事實，問題不在於是否有客觀知識的存在，而在於人如何可能認知。相應於這一點，荀子也提出了非常科學的見解：

「天行有常，不爲堯存，不爲桀亡。」（見《荀子．天論篇》）

這就是肯定大自然的運行有其不變的至理在，不會因爲個人主觀的好惡，而有所改變。易言之，自然是自在的，而且是客觀存在的，它「不爲堯存」，也「不爲桀亡」，而且吾人不但可以「認知」此自然律的存在，也可以「認知」此自然律「不爲堯存，不爲桀亡」的必然性。姑且不談可能認知的先天條件，單單就「人是認知的主體」、「人也是能知的主體，而不是單純被知的客體」這點而言，荀子與康德同樣强調了人是理論理性的主體！

只有在自由意志中，才看得到人性的尊嚴

其次，康德第二批判乃在探討意志自由的問題，他盛讚盧梭是道德哲學界的牛頓，因爲就如同牛頓發現「自然律」一樣，盧梭也發現了普遍有效的「自由律」，亦即「普遍意志」。康德爲了讀盧梭的書而耽誤了他那爲人熟知的、固定在下午四時開始的散步，在他簡單的書房裏，盧梭的掛像也是唯一的飾物，由此可知盧梭在康德心目中的地位。康德道德哲學的精華在於論證人的自主性、自律性，强調人的意志是自由的，只有在自由意志中，才看得到人性的尊嚴。也正因爲人的意志是自由的，所以他就成爲自己行爲的立法者。他可以「不食嗟來食」、「寧死不屈」，這些名垂千古的道德典型正凸顯出人之所以爲人的可貴處。也因爲他可以規定自己的行爲，因此，他也該爲自己的行爲負責，這樣才是自決、自治。相應於此，孟子也有一句發人深省的話：

「舜何人也，予何人也，有爲者，亦若是。」（見《孟子．滕文公篇》）

這句話不正將人在道德行爲上的主體性、主動性充分地表達出來了嗎？只要「有爲」，人人可以成堯舜，這不正說明了一個人是否能成聖成賢，均取決於自己

的努力嗎？

更引人深省的是，康德在第二批判的結語，開宗明義，有如下一段文字：

> 有兩件事情我愈加反省便愈以新而不斷增加的讚歎和敬畏充滿我的心靈，這兩事便是：「在我上面之充滿星輝的天空及在我心中之道德（的）法則」（採黃振華先生譯文）。

在這段文字裏頭，我們看到了「天人合一」的境界。「在我上面之充滿星輝的天空」指的是「自然律」，「在我心中之道德法則」指的是「自由律」，兩者相互輝映，與《易經》上的繫辭不是雷同嗎？

> 「天行健，君子以自彊不息」（見《易經．乾卦大象》）

貫穿儒家思想與康德哲學爲一體

這種「人格自由主義」不就內在於儒家的傳統嗎？孟荀二子乃是孔聖人去世後的兩位儒門宗師，他們承襲了孔門的思想精髓，爲中國文化大放異彩。但是今天他們已漸遭遺忘，他們所追求的人文化成的理想也在現代文明的氾濫下，被他們的子孫所鄙視。今天我們須要重新出發，將「人格自由主義」重整旗鼓，以爲自由民主法治的立憲理想之礎石，亦即貫串儒家思想與康德哲學爲一體，而以康德哲學（尤其他的國家哲學與法律哲學）來吸納西洋近現代進步的典章制度，以促進臺灣的民主化、自由化，並從而根除那些發自「國粹派」的所謂「不合國情」的守舊論調，這就是當今「人格自由主義」的時代任務！

——《自由台灣》一九八六年

「人格自由主義」的國家哲學大綱導論

——從「國家公權力」談起

長期以來台灣奉行的是一種與統治階級意識型態相呼應的極權主義國家觀，認爲國家就是一切，個人毫無意義。在戒嚴時期一手創辦《自由台灣》雜誌的朱高正系統地介紹康德建構的「人格自由主義」國家哲學，以期能爲當時的黨外民主運動奠立思想基礎，並掃除國民黨家長式極權的統治心態。

近年來，國內開始流行起「國家公權力」這個術語，上自總統、行政院長、部長，下至升斗小民，大多能夠朗朗上口。似乎只要一提到「國家公權力」就有無比的威嚴，不可觸犯，也因此常有人這麼說：「國家公權力不容藐視。」「國家公權力」儼然成爲「權威」的另一個代名詞，但到底什麼是「國家公權力」？它是相對於什麼概念而來的？它存在的理據何在？它的負荷者是誰？它的行使有無內在必然的限制？等等問題卻少有人予以深究。易言之，在臺灣，「國家公權力」這個學術上的術語不但一再被濫用、誤用，甚至已經逐漸成爲另一個「神話」了。

「國家哲學」比起政治學與法理學更難見容於統治階級

「國家公權力」這個概念，其實是採自「國家哲學」。「國家哲學」這門學問在臺灣可說是鮮爲人知，大家只知道「政治學」、「法理學」，而不知有「國家哲學」。這種現象也可反應出臺灣的民主程度。平心而論，臺灣學界在「政治學」方面的研究，實在是乏善可陳，教授水準普遍低落，研究題材受到極大的限制，甚至連研究的結論早都擺在那裏等著。這我們從最近所謂的「民意調意」，即可窺知一二。

至於「法理學」的課程，則一直侷限在法律系，就筆者所知，這些在法律系傳授「法理學」課程的教授，沒有一個接受過正式的哲學訓練，這也就難怪臺灣的法理學界瀰漫著「法實證主義」的歪風。「法實證主義」的基本見解是，所謂「法律」，就是統治者的意志；所謂「正義」，就是統治者認爲正當者。這種見解不正是可以爲當今臺灣的統治階級服務嗎？真真正正能以人性尊嚴、人的自由、自主爲基礎的法理學學派（諸如自然法學派，理性法學派），根本不可能見容於統治階級。

比起政治學與法理學更難見容於統治階級者，莫過於「國家哲學」(Staatsphilosophie）。因爲國家哲學研究的對象正是「國家公權力」的理據及其限制，亦即上面所提到的諸問題（譬如誰是「國家公權力」的負荷者？）易言之，「國家哲學」研究的對象是國家的概念、本質、起源、意涵等。它和政治學截然不同，以研究「國家起源」爲例，政治學所探討者，乃是在歷史上，國家如何實際地發生；而國家哲學所探討者，則是「國家如何可能」？甚至國家有存立的必要嗎？國家的存立在人的理性有其內在的依據否……等問題，亦即在哲學的立論上，國家如何可能。

極權主義國家，「國家」就是一切！

在臺灣，多年來流行的是——與統治階級意識型態相呼應的——極權主義國家觀。在此，筆者要强調，在臺灣只有「極權主義國家觀」，而無「極權主義國家哲學」。所謂「國家觀」之「觀」，指的是一種教條，一種未經反思的偏執見解。而所謂「極權主義國家哲學」，則是指基於嚴格的哲學論證所發展出來的極權主義的統治理論，諸如柏拉圖、黑格爾、卡萊爾等人的國家哲學即是。本文旨在爲臺灣的黨外民主運動建立「人格自由主義」的國家哲學大綱。由於它已是「極權主義國家哲學」的剋星，當今臺灣統治階級所持有的粗糙的「極權主義國家觀」，面對「自由主義的國家哲學」，將更是不堪一擊。

在此筆者擬先行介紹一些流行於臺灣的極權主義國家觀，供讀者諸君參考。極權主義國家觀的基本立場是：國家本身即是目的，國家的存立並不需有其他更高的目的爲條件。國家就是一切，個人自身毫無意義，遑論個人利益及權利。因此，國家的利益固然重於個人的「利益」，甚至是國家的利益也較個人的「權利」爲優先。由此而更進一步，假「國家利益」之名，國家公權力全面介入各個生活的領域，舉凡政治、經濟、司法、社會文化、宗教禮俗無一能自外於統治階級的支配。

但是，到底什麼是「國家」，誰代表「國家」，誰來界定「國家利益」等問題，在極權主義國家觀裏，根本不成問題。因爲這個早已被神化了的國家，就是指現實存在的國家。代表「國家」行使公權力的，當然是指現實存在的統治者。而所謂「國家利益」只不過是現實存在的統治階級的利益罷了。這不正是上面所提到的「法實證主義」的根本立場嗎？因此，在「極權主義國家觀」看來，個人只不過是依附於國家的工具而已！個人的自由、權利、利益等等，只有在不抵觸「國家利益」的條件下才能獲得保障。國家公權力也爲了保護此「國家利益」可以無限制地全面介入非政治的生活領域，以種種似是而非的理由來限制個人的自由、權利以及利益。

在第三期《自由臺灣》的「自由書院」專欄中，筆者發表了一篇論文〈護衛人權就是護衛人性〉，其中曾就人——就其爲理性的負載者而言——具有「思維能力」與「欲求能力」，來論證人的確確擁有某些不可讓渡給他人的權利。而這些權利是「前國家的」，亦即早在國家存立以前（指自然狀態），每個人就已享有的「自然權利」。人因爲他自身的本質，就必須擁有這些權利，因此，吾人稱之爲「人權」。

國家本身絕非目的，只是保護人權的工具

國家的目的即在保護人權，易言之，國家只是各個人爲了保護其天賦人權，讓出其部分的權利，相與結合，組織而成的人類生活共同體。所謂個人「讓出其部分的權利」，指的是讓出使用暴力來解決衝突的權利。因爲，在自然狀態下，大家各自爲政，當有衝突發生時，各個人基於自身的「權利判斷」，自以爲其主張是正當的，因此，動輒使用暴力，以求實現其所主張的權利。是以「自然狀態」無異是「萬人對萬人的鬥爭」，每個人固然可以漫無限制地延伸其權利主張，但是，卻也沒有一項權利可以確保。反正權利之有無，取決於暴力之强弱。在此紊亂的狀況下，大家都處於「無權狀態」，因此，相約放棄使用私人暴力（Privatgewalt, Private Violence），共同組成公共暴力（Oeffentliche Gewalt, Public Violence），亦稱「公權力」。由此可見，國家本身絕非目的，它只是保護人權的工具罷了。

國民黨政權的「家長式領導」

上述這種思路正是首創於英哲霍布士，而由康德所承襲，康德更從而建立了以人性尊嚴（即人的自主與自由），以及人權爲中心的「人格自由主義」的國家哲學。康德畢生護衛人性尊嚴不遺餘力，對於當時流行於歐洲的前民主時代國家觀時有深刻批評，在此筆者擬先引述他發表於一七九三年的國家哲學名著——《論俗語：在理論上可能是對的，但在實踐上卻不適用》——中，一段精闢的見解：

「一個建立在對人民——就好比父親對子女般——關愛的原則上的政府，稱爲家長式政權。這種政府視臣民如同未成年子女一般。由於未成年子女尚無法辨別何者對他們有益，何者對他們有害，因此臣民也得被迫相信統治者的善意，依照統治者所做的判斷，來決定其追求幸福的方式。這種家長式政權乃是吾人所可能想像得到最專制的政府。因爲，這麼一來，臣民的所有自由被剝得一乾二淨，他們也因此喪失了一切的權利。」

這一段引文何其感人，何其熟悉。感人的是康德的洞察力是如此地敏銳，直戳家長式政權虛僞的外貌，要不是他對人性尊嚴、人的自由與權利有一份超乎常人的執著的話，何能致此？熟悉的是他所批評的家長式政權不也同樣精確地正在臺灣重演嗎？我們的政府首長不是一再地以大家長自居嗎？他們不是老把身爲國家主人翁的我們視爲子女嗎？禁這，禁那，不都是怕我們被人利用而不自知嗎？國民黨不是一再以國家的掌舵者自居嗎？他們不是自詡，只有革命建黨九十餘年的國民黨才能擔當復國建國的使命嗎？任何發自民間的改革要求，不是都被迫要相信「大有爲政府」有能力替他們解決問題嗎？反正，身爲國家主人翁的我們只能依照政府所指定的方式去追求幸福，我們本身不能有是非、善惡的標準。因爲，政府認爲我們沒有能力決定是非善惡的標準，它幫我們來選擇就可以了。這就是國民黨政府的家長式專制極權的統治心態，爲了徹底掃除這種反自由、反民主的家長式政權的統治心態，系統地介紹康德所建構的「人格自由主義」的國家哲學大綱，於今來講，毋寧是極爲迫切的。

康德的國家哲學，就如同其批判哲學一樣，博大精深，非三言兩語所能盡述。所幸康德去世後，被公推爲最能得其國家哲學思想神髓的耶賓浩斯（Julius Ebbinghaus, 1885—1981）曾爲我們留下「人格自由主義」的國家哲學大綱，共計十條，在此先予披露，至其微言大義，則容後另文闡述：

第一條　國家的概念。「國家」乃是人們爲了保障每個人的權利所結合而成的羣體。

第二條　權利的概念。「權利」乃是每個人的「外在自由」，只要此「外在自由」能與所有其他人之「外在自由」依據律則和諧並存的話。

第三條　「人的權利」是以不得與「人的利益」相混淆。「權利」並非用以保障人們需求的滿足，而是用以保障——爲了滿足此需求——人們有做他們所想做的事的自由，只要其所願望之事與普遍律則能相並存的話。

第四條　這種「權利」概念絕非個人主義式的或是非社會的。這種「權利」概念毋寧明顯地蘊含著任何人類生活共同體之所以可能的條件。

第五條　對國家權力之所以有服從義務之理由。國家乃是所有——想免於不義不法——的人之意志的結合。這種結合是必要的，因爲唯有此結合能保障每個人的權利。每個人爲了保護其權利必須服從此結合。因爲每個人，依據權利的律則自身，必須服從這個意志——任何人均免於不義不法。但是，該結合也是唯一的、吾人始原負有服從義務的「人爲權力」。因爲，任何其他人的意志均可能對吾人行不義不法之事。

第六條　任何一個事實上統治人羣的最高權力，基於權利的關係，不得由其被治者以暴力予以廢除。因爲，最高權力依存於其國民個人之「權利判斷」的原則，將使得任何國家意志的建構不可能。

第七條　假使國家下令，使得其國民原則上成爲喪失權利的狀態，原對現實存在的國家之服從義務馬上中止，且該服從義務亦轉化成爲不服從之義務。

第八條　此不服從之義務乃是一無條件的——奠基在內在於每個人人格之「人性權利」上的——義務。縱然有身體或生命的危險威脅著，吾人亦不能免除於此義務。

第九條　同樣地，吾人對國家權力有不服從之義務，假使國家下達命令，而該命令之實行使得吾人原則上不再可能成爲道德存在者的話。

第十條　每個公民有義務維護此國家目的。假使現存的國家與此權利保障之目的相矛盾時，則每個人均負有義務——縱然對吾人自身有危險——去散播廢除這種國家權力之必要性的見解；每個人均負有義務去促成現存國家失去一切自願的支持，並從而去除該暴虐權力之根源。

——《自由台灣》一九八六年

國家的本質在於保障人民的權利

——「人格自由主義」國家哲學大綱之一

在統治權尚未出現的「自然狀態」，每個人可以漫無限制地主張自己的「權利」，但是，卻沒有一項「權利」可獲得確保，只能憑著自己的拳頭來保障自己的「權利」，這種「自然狀態」其實就是「萬人對萬人鬥爭」的狀態。只要人有理性，必然要揚棄「萬人對萬人鬥爭」的「前國家狀態」，為保障「自然權利」而組成「國家」。因此，「『國家』乃是人們為了保障每個人的權利所結合而成的羣體」。

一般人提到「國家」，就會聯想到「政府」或「總統」，反正國家所代表的往往是絕對的、無條件的權威。至於「國家到底是什麼」這個問題大概除了政治學家、公法學家或法哲學家而外，很少人會提到它。

「國家」的由來

「國家」這個概念在西洋文化史上有多次的變遷。最早，在希臘，各個城市「polis」自成一個國家，稱爲「politeia」，俗譯「城邦國家」（應譯爲「城邦」或「城市國家」，蓋「邦」即「國家」之意）。其實，當時「城市」即「國家」，今日的英文稱「國際性的大都市」爲「cosmopolis」，即取其「城市」之意；而英文稱「政治學」爲「politics」，則取其「國家」之意，蓋「政治學」爲研究「國家」之學問也。

後來的羅馬稱國家爲「civitas」、「res publica」或「imperium」，這個稱呼是隨著政體而改變的。首先稱國家爲「civitas」，乃在强調「國家」是由具有公民資格的自由民「civis」所組成的。後來羅馬肇造共和，就改稱「國家」爲「res publica」，其原意爲「公共事務」，這個字後來在英文裏就直譯爲「republic」，或是意譯爲「commonwealth」，中文將「republic」譯爲「共和國」也有疊床架屋之嫌，因爲在此，「共和」就等於「國家」，譯爲「共和國」就如同「城邦國家」同樣地荒謬，因爲「邦」即「國家」之故。羅馬帝國締建後，就稱「國家」爲「imperium」，通稱爲「帝國」。

至於今日在英文中「國家」一詞「state」，其實是源自拉丁文的「status」，後者意指「狀態」，泛意指國內一切狀態之總合，這種用法其實是由荷蘭人在十六世紀下半葉，在對西班牙的獨立戰爭中，首先使用的。德文稱「國家」爲「Staat」即源自「status」，稱「國家」爲「Republik」即源自「respublica」，或意譯爲「Gemeinwesen」。

「國家」不是將「國土」、「國民」與「主權」三者混在一起就可以產生的

由上可知，向來西方對「國家」的了解，多强調在「公共事務」上，這與中國傳統的國家觀念一比，要顯得落後多多了。由於中文裏頭，「國家」與「國」同義，因此，在探討「國家」的涵義時，多有從「國」這個字的結構開始談起的。依

通說，「國」這個字是由下列四部分組成：「囗」、「戈」、「口」和「一」。「囗」代表領土，「戈」代表武力，「口」代表人口、臣民，「一」代表一統。其實「國」的古字是⿱或王，它也可解釋爲由下列四部分組成：「戈」、「口」、「一」和「王」。在此，「一」、「王」指的大概是掌有統治權的人，只有一位而已。因此吾人可以得知，在中國傳統的國家觀念當中包含著「領土」、「武力」、「人民」和「一統的王權」。這種說法和近代著名的公法學家耶律內克（G. Jellinek）所倡導的「國家三元素說」頗相契合，耶氏認爲國家這個概念含有三個要素，即「國土」、「國民」與「主權」。「武力」和「一統的王權」合起來，可解爲「主權」。因爲「主權」對內是至高無上的，對外是絕對自主的。這與擁有「武力」之「一統的王權」對內號令全國，對外威臨萬邦，在內涵上，可算是同義詞。

但是這個在公法學界普遍被接受的「國家三元素說」卻無法說明，「國土」、「國民」與「主權」是如何被聯結起來，而組成「國家」的。就好比「水」固然是由「氫」和「氧」兩種元素所組成的，但是「氫」和「氧」混在一起，卻不必然會變成「水」。可見「國家」之所以爲「國家」絕不是將「國土」、「國民」與「主權」三者混在一起就可以產生的。

柏拉圖極權主義的國家哲學

歷來頗多哲學家也一直在探討「國家」是如何可能的問題。這可追溯到柏拉圖的國家哲學，他認爲「國家」其實就像「人」一樣。人有四種重要的品德，諸如「智慧」、「勇敢」、「鎮靜」和「自我節制」，要配合得宜，方合於「正義」的要求，個人才有幸福可言。「國家」也應依照這四種品德來予以設計，方可保長治久安。因此，柏拉圖就提出著名的「哲學家國王」學說，他將「國家」分成由三種不同的階級所組成，即哲學家、軍人，和農工百姓。哲學家代表「智慧」、軍人代表「勇敢」，而農工百姓則需有「鎮靜」和「自我節制」的美德。他更進一步對哲學家和軍人兩個階級提出「共產」和「共妻」的要求，後來甚至武斷地認定一個國家最理想的人口數是五千零四十人。柏拉圖所代表的國家哲學是極權主義的典型，他甚至將統治者與人民的關係比擬做醫生與病患，或航海家與乘客的關係。他認爲醫生爲了病患的健康，可以欺騙病患，同樣，統治者爲了人民的福祉，也可以公然撒謊。

對柏拉圖而言，人是沒有所謂的天賦人權的，即使哲學家國王都不能例外。哲王本身不能有自己的老婆，不能有自己的兒女，更不能有自己的財富。爲的是，避免哲王有私心。反觀一般農工百姓永遠只能當一個逆來順受、唯命是從的被治者。他甚至不能享受詩歌的美妙旋律，因爲柏拉圖認爲詩歌的內容多浮誇不實，引人遐思，易使人腐化，而影響國家的安全。柏拉圖以爲如此一來，每人各盡其份：哲學家有「智慧」、軍人須「勇敢」，一般農工百姓習於「鎮靜」和「自我節制」，這就是合於「正義」的國家。其實，這是最爲違反人性的國家哲學，這點波普（Karl R. Popper）在他的名著《開放的社會及其敵人》一書中也有論及。其根本錯誤在於柏拉圖誤認國家自身就是目的。只知有國家，而不知有個人。

縱然如此，柏拉圖的國家哲學卻仍是影響深遠，後世有數的大哲學家，諸如黑格爾、馬克思等，均不能自外於柏拉圖。與此相反的是極端的無政府主義的個人主義者，他們漠視國家存在的必要性，以爲人都能「各盡所能、各取所需」，根本就不必有政府的存在。

人類一直有某種形式的統治秩序存在著

其實自古以來，人類一直過著羣居的生活，且一直有某種形式的統治秩序存在著。像魯賓遜獨自一個人孤零零地生活在荒島上，縱然是小說家筆下所杜撰出來的情節，但是，在他漂流到這個荒島以前，他畢竟也是在有社會規範的環境中長大成人的。如果無政府主義真能成立的話，那在一個沒有政府的荒島上，不正是世外桃源嗎？魯賓遜實在沒有道理要夜以繼日地想盡法子回到他的故鄉。

但是人類的羣居生活與其他生物的羣居生活大有差異。像蜜蜂、螞蟻也過著羣居生活，但這基本上是「動物本能」的顯現，羣居生活正是牠們的物種繁衍至今的先決條件。而人類的羣居生活則不能以「動物本能」概括之，因爲，如果羣居生活是人類的本能的話，那麼何以會有許多反社會行爲（諸如偏差行爲、犯罪行爲……等）與羣居生活不相容的個體違規現象發生呢？從來未曾聽過蜜蜂或螞蟻的社會有過騷動、暴亂、甚至革命，但是在人類社會這些大規模的羣體違規現象卻是司空見慣。人類固然一方面有「合羣」的傾向，但是，另一方面卻也有「反合羣」的現象。

一個社會沒法權，則無以「定分止爭」

爲什麼人類會「反合羣」呢？這就要談到人性問題了。人不但與其他生類同樣有「欲求能力」，他更有其他生類所沒有的「思維能力」。其他生類的「欲求能力」因受制於本能，而無法自我反省。反之，人類的「欲求能力」時常有如脫韁野馬，難以抑制；復以具有「思維能力」之故，更是善於爲其「私欲」强加辯解。因此，每當「私欲」蠢動時，他就顧不得社會規範的要求，並以人類獨有的「思維能力」來申訴自己的主張，抨擊敵對的勢力。如此一來，或以言辭交相責難，或以暴力威逼恫嚇，陳陳相因，永無寧日矣。是以古羅馬有句著名的法律諺語，謂：「有社會，斯有法權」（Ubi societas, ibi jus）。因爲，假使一個社會真的沒有法權，則無以「定分止爭」，讓每個人各安其分，各得其所。所謂「法權」，乃是主觀的「權利」和客觀的「法規範」之總稱。

但不論是「權利」，還是「法規範」，它們都需要一個具有强制能力的機關來執行「法規範」，來下有效的「權利判斷」。否則，每個人大可放任其「欲求能力」，恣意主張、延伸其「權利」。當羣居生活日趨複雜時，人與人間的「權利主張」極容易相互衝突。此時，若任令每個人下「權利判斷」（Rechtsurteil），則必將導致「思維能力」爲「欲求能力」所挾持的狀況，亦即產生人的「思維能力」爲其「欲求能力」服務的情況。這時「思維能力」就成爲典型的「工具理性」了，而非「純粹理論理性」；至於「欲求能力」則亦墮落爲貪求無饜的欲望本能而已，根本談不上所謂的「純粹實踐理性」。

「國家」之所以必要，建立在「人並不是純理性」的事實上

談到這裏，就涉及「實然」和「應然」二元對立的問題。人一方面與其他動物一樣具有感性，「欲求能力」就是感性最生動、活潑的體現。但是，另一方面，人卻有異於其他動物，他具有獨特的抽象的「思維能力」，通稱「理性」。這就形成「我要」和「我思」之間的對立衝突，而其化解之道，則在於「我要」應該依「我思」的法則來「要」，才能「要」得不自相矛盾。這樣的「我思」並非爲「我要」服務、爲「我要」辯解，因此才顯得超然卓絕，才配稱爲「純粹理論理性」；這樣的「我要」亦非漫無限制、恣意地「要」，而是依「我思」所規定的普遍律則來「要」，因此，也就可以無視於經驗條件的制約，而顯得無比尊貴，這就是「純粹實踐理性」。誠如康德所言，「理論理性」與「實踐理性」其實是同一個「理性」，其不同只在於運用上的差異而已。爲理論上的目的而運用，即爲「理論理

性」，爲實踐上的目的而運用，就是「實踐理性」。

國家之所以必要，就是建立在這個既與的事實上：人並不是純理性的。人固然「應該」依照「我思」的普遍律則來「要」，但是在「實際上」卻常常想爲自己開例外。尤其當欲念蠢動時，如果外在的經驗條件具備，人少有能克制「非份之心」的，如此即易於侵害到他人的權利。譬如說，一個人身上已經毫無分文，但飢腸轆轆，偏偏此時路過一家店主正在鼾睡中的麵包店，由於受不了擺在眼前可以即時解決飢餓的麵包的誘惑，就順手牽羊了。於此，他侵犯了店主的財產權。假如此時不幸店主醒來，雙方必然發生爭執。假使沒有國家，則該位仁兄將能運用其「思維能力」，詭辯「餓肚子的人有吃麵包的『自然權利』」，而店家則堅持「『財產權』乃每個人的『自然權利』」，試問雙方各自下的「權利判斷」孰是孰非？

放棄使用「私人暴力」的契約，是「國家」存立的理據

要解決「權利」的爭執，在此只有兩條路而已。一是每個人靠「私人救濟」的原則，憑藉其「私人暴力」，來貫徹自己的權利主張。二是每個人相約放棄使用

「私人暴力」，共同建立一足以公正地保障所有人的「公共暴力」，來仲裁是非，並貫徹「公共正義」的要求，這個「公共暴力」的負載者就是「國家」。大家相約放棄使用「私人暴力」的契約就是「國家」存立的理據，稱爲「始原契約」。這個「始原契約」並非真的在歷史上曾被簽署過，而是從理性上來看，必然是大家應當如此默認，否則「國家」的存立根本就不可能。

試從反面來想想，假使大家没有相與簽定放棄使用「私人暴力」一起建立「公共暴力」的「始原契約」的話，那麼，「國家」就無從存在。當發生「權利」爭議時，則只有「八仙過海，各憑本事」了。如此一來「權利」真的就成爲Thrasymachus所主張的「權利乃是强者的利益」。然而，誰又是强者呢？此時的强者，不論在智力或體力上，終有衰退的一天，彼時就會出現另一個强者。甚且智力或體力的强者也未必鬥得過狡詐卑鄙的强者，……如此可見，所謂「强者」原無客觀的準據，他隨時可能失手成爲弱者。

國家是人們爲保障每個人的權利所結合而成的羣體

因此，所謂代表「强者的利益」的「權利」也就因時而異。沒有「國家」則每個人雖然可以恣意地主張自己的「權利」，但是卻沒有一樣「權利」可以獲得確保。沒有「國家」，整個羣居的社會生活，是處在一個「萬人對萬人的鬥爭」（霍布士語）中。而「萬人對萬人的鬥爭」則爲人與人之間的對立、矛盾最尖銳的表現，這與「我思」的普遍律則毋寧是不相容的。因爲，「我思」要求人的思維合於律則，不自相矛盾，「我思」也要求「我要」應該依循「我思」的普遍律則來「要」，才不致自相矛盾，也不致和他人的「我要」相衝突。易言之，只要人有反省的能力，只要人有思維能力，一言以蔽之，只要人是理性的（雖然挾雜著感性），必然要揚棄「萬人對萬人鬥爭」的「前國家狀態」。換句話說，正因爲人並非是「純理性的」，他有很多與動物相似的感性成分，因此才會時常放縱慾念、侵犯他人，只要力有所逮的話。但他們又不能像其他動物毫無理性，即使沒有國家，也可依本能相安無事。因此，就導出了「人格自由主義」的國家哲學大綱第一條：

「國家的概念：國家乃是人們爲了保障每個人的權利所結合而成的羣體。」

——《自由台灣》一九八六年

「法權哲學」就是自由與和平的哲學

——「人格自由主義」的國家哲學大綱之二

人格自由主義有關「權利」的概念即是：每個人可以自由運用其「外在自由」，只要此「外在自由」能與他人的「外在自由」依據「自然法」和諧並存。由此權利概念，我們可知，法權哲學就是自由與和平的哲學！

「法權哲學」這個術語在國內十分陌生，在大學的課程通稱爲「法理學」，也有人稱爲「法律哲學」，最近也有人開始使用「權利哲學」了。

爲「法權哲學」正名

「法權哲學」這個字，源自德文「Rechtsphilosophie」，這個德文字是由兩部分組成的：一個是「Recht」，另一個是「Philosophie」。後者通譯爲「哲學」，但是前者就有點麻煩了。「Recht」這個字在德文有兩種意義：其一爲主觀意義的「權利」，相當英文字「Right」；其二爲客觀意義的「法律」，相當英文字「Law」。所謂的「法律哲學」即譯自英文的「Legal Philosophy」或「Philosophy of Law」；而「權利哲學」則譯自英文的「Philosophy of Right」。由於「Recht」這個字兼有「法律」及「權利」之意，因此，筆者認爲將「Rechtsphilosophie」譯爲「法權哲學」較爲恰當。

將「Rechtsphilosophie」譯成「法律哲學」會產生不少的流弊。主要是它將使人誤以爲「法律」是自在的，有其至高無上的威權。有一種法學理論稱爲「法條實證主義」（Gesetzespositivismus），它認爲法學的主要任務無他，只不過是就現有的法律條文來做嚴謹的邏輯論證而已，如此即足以規範並維繫社會生活。易言之，「法條實證主義」僅著重於法條間邏輯關係的演繹論證而已，至於法條本身所蘊含的規範內容是否合於「正義」、「衡平」的理念，則非所問。

「法實證主義」批判

將上述這種法實證主義思想發揮到淋漓盡致的法學家當推凱爾生（Hans Kelsen），他於一九三四年發表其名著《純粹法學》，主張法律乃是强制規範的體系，而國家則是最高度發展的法律秩序。他提出法律位階理論，認爲在法律體系中有位階不同的法律規範，低位階法律規範之效力源自高位階的法律規範。諸如個別的「行政處分」之效力源自行政機關頒布的「命令」；而「行政命令」之效力則源自國會通過的「法律」；而「法律」的效力則源自「憲法」。因此凱爾生認爲國家乃是法律秩序最高度發展的結果。

至於憲法的效力來自何處，凱爾生在此碰到一個兩難問題。因爲憲法乃是實證法中最高位階的法規範，如果承認憲法之上還有一更高的法規範存在的話，無異承認了有所謂的「超實證法」，這和他的基本立場——法實證主義——相矛盾。反之，如果直截了當認爲憲法的效力毋需外求，即內在於憲法自身，那麼憲法的產生及修改又有何法則可資依循呢？這個規範立憲及修憲的法則怎可能內在於具體的憲法自身呢？在此，凱爾生提出了所謂的「始原規範」（Urnorm）來做爲憲法效力的依據，但是，到底什麼是「始原規範」，凱爾生則一直無法提出足以服人的論述。

由凱爾生的「純粹法學」這個例子，我們可以知道，如果將「Rechtsphilosophie」譯爲「法律哲學」，最大的弊病就是極易將研究的對象侷限在「法律」，而且是以在某一時、某一地有效的「法律」爲限。易言之，完全以「實證法」——不論是成文法或不成文法——爲限，僅僅以其是否具有「法律規範」的「形式」爲斷，而不問其內容是否合於「正義」、「衡平」的要求。這種法學理論也爲人類帶來了浩劫，德國的納粹政權就是以這種「合法的形式」橫行霸道十二年，在「法律爲德意志民族服務」的口號下，屠殺了六百萬猶太人，也迫害了難以計數的爲維護人性尊嚴的反納粹份子。

「法治」去掉「民主」的內涵就是「暴力統治」

近年來在臺灣，執政當局也時常提倡「法治」的觀念，而且公然主張，「法治」乃是實施「民主」的前提。這種論調實在令人擔憂不已，因爲在執政當局看來，「民主」似乎和「法治」是相對立的觀念，只有在不違背「法治」的大前提下，才能談「民主」。其實這是大錯特錯、本末倒置的看法，「民主」與「法治」本是一體的兩面，不但不相矛盾，而且是互爲表裏呢！

「民主」貴在以民爲主，所謂「法律」也者，在民主國家裏，乃是人民經由其所推舉出來的「民意代表」在國會裏所議決的法案，任何一個法律的宣示，無異是「人民總意志」的顯示。服從法律，其實就是服從自己的意見代理人的意志，亦即間接地服從自己的意志。「法治」只有在這種意義下，才能和人要求自律自主的天性相契合，「法治」只有在這種意義下，才能和「民主」相表裏。易言之，如果「法治」去掉了「民主」的內涵，則這種「法治」說穿了就是「暴力統治」，請問希特勒不也以「法律」治國嗎？秦始皇不也同樣以「法律」治國嗎（當然秦始皇的「法律」被稱爲「苛法」）？中國大陸不是也以法律的形式審判魏京生、審判四人幫嗎？難道只要以「法律的形式」來治理國家，通通可稱爲「法治國」嗎？

這也是難怪馬克思會批評法律就是經濟上統治階級鎮壓異己的工具了，他嚴厲地指責歷來的統治階級老是將他們個別的、特殊的階級利益，賦以普遍化的僞裝，成爲所謂的「法律」，進而以維繫法律秩序爲名，公然壓制其他階級的正義要求，以維繫統治階級的既得利益。而國民黨當局今天擺在嘴邊的所謂「法治」，不正是馬克思所極力諷刺、抨擊的對象嗎？

筆者在此要指出，法律之所以成爲法律，除了在形式上有國家公權力爲其後盾，賦予法律具有强制性質外，更重要的毋寧是法律應具有「正義」、「衡平」的內涵。所謂「正義」，乃是指人與人之間普遍有效的平等規範之價值。依亞里斯多德的說法，「正義」主要可分爲「算術正義」與「幾何正義」兩種。前者乃是指人與人之間完全站在平等相對待的基礎上，互爲予求，它又稱爲「交換正義」（iustitia commutativa），是私法關係的最高原則，私人之間訂定契約，形成債權關係，均應依「算術正義」爲之。而「幾何正義」又稱「比例正義」或「分配正義」（iustitia distributiva），它乃是指國家權力在其與人民間之關係上，應依各個人不同的成就貢獻，以比例原則，由國家來分配個人的應得部分，這種「分配正義」乃是公法關係的最高原則。勛爵的授與，公務員的錄用陞遷，稅負的分攤……等，均應依「幾何正義」爲之。至於「衡平」則專爲平衡因依循普遍法則而難以避免的「不正義」而設。諸如甲和乙訂約，約定給付乙方五百萬元，以購得乙宅。然而簽約後適值通貨膨脹，乙宅已值市價五千萬，此時，房屋買賣契約雖已簽訂，但甲尚未付款，乙可否要求解約或提高房屋賣價爲五千萬元呢？這就涉及「衡平」問題，此外，「特赦」、「赦免」等問題亦然。

權利乃是每個人的「外在自由」

像「正義」或「衡平」乃是法理念的核心，它直接賦予「法律」應有的正當性。反之，假使「法律」背離了「正義」或「衡平」的要求，則法律就成爲「惡法」了。如果無視於「法律」應有的道德內涵，而一再地強調其權威性的「法治」，那與「暴力統治」實無二致。這也就是何以「法權哲學」研究的對象絕不以某一時、某一地有效的實證法爲限的理由，「法權哲學」必然會以作爲一切實證法效力之根源的「超實證法」或「自然法」爲其終極研究標的。

「自然法」與「自然權利」在德文同樣稱爲「Naturrecht」。二次大戰以後，鑑於納粹的專制極權統治，實肇因於盲目地遵從法實證主義思想，因此，西德聯邦憲法法院乃奮力擺脫法實證主義的影響，謹慎地將自然法理念引進憲法解釋判例中，形成有口皆碑的「自然法復興」。今天，臺灣統治當局亦如同當年的納粹一樣，迷信實證法的威信，無視實證法之所以有效的根據乃在於「自然法」，而不在於赤裸裸的「公共暴力」，怎不令人痛心呢！

明乎此，我們就可以恰如其實地來探討「人格自由主義」的國家哲學大綱第二條：

「權利的概念。權利乃是每個人的『外在自由』，只要此『外在自由』能與所有其他人之『外在自由』依據律則和諧並存的話。」

這裏所謂的「外在自由」，乃是相對於「內在自由」而言。當一個人在內心裏，自己設定一道德理想，而自我要求時，此係該個人以道德主體的身分，將其意志之自由作內在的運用，此「自由」稱爲「內在自由」。當一個人在其行爲實踐上與他人處於一種交互影響狀態時，與他人訂定契約或做某種事實行爲，此係該個人以道德主體的身分，將其意志之自由作外在的運用，此「自由」稱爲「外在自由」。易言之，「內在自由」係純以道德主體的內心立意爲主，屬倫理學研究的範疇；「外在自由」則以道德主體有意識的與他人有關的外部行爲爲主，屬法權哲學研究的範疇。倫理學是探討「義務」本質之學，而法權哲學則是探討「權利」本質之學。所謂「權利」乃是指能夠課他人以「義務」之道德能力。因此，雖然倫理學與法權哲學同爲構成實踐哲學之兩大部門，但在邏輯上，倫理學實先於法權哲學，蓋「義務」乃先於「權利」也。

權利之所以是指能夠課他人以「義務」之道德能力，乃是指人與人相處時，可以依照普遍有效的律則（即「道德律」，於此指「自然法」），相互課對方以作爲或不作爲的義務，這正是人的自由意志之外部運用。意志之所以是自由的，乃是因爲它能依循普遍的律則來「要」，而非如同禽獸一般，做漫無限制的「要」。正因爲人的意志會「要」得合於思維的律則，會「要」得不自相矛盾，所以各個人的意志也才能「要」得彼此不相矛盾、「要」得彼此和諧並存。由「人格自由主義」的基本假定——人是「理論理性與實踐理性的絕對主體」——正可以導出，每個人可以自在地運用其「外在自由」，只要此「外在自由」能與所有其他人的「外在自由」依據「自然法」和諧並存的話，這正是「人格自由主義」有關權利的概念。

唯有經過這樣的權利概念，人的外在自由才能獲得充分的保障，而且人與人之間也才能揚棄敵對鬥爭的狀態。因此，由此權利概念，可以得知，法權哲學也就是自由的哲學、和平的哲學。法權哲學絕非反自由、反和平的法學理論，它毋寧是以批判反自由、反和平的純粹暴力統治秩序爲職志。只有經由「人格自由主義」的權利概念，人的「外在自由」才能和諧並存，個人所企求的「自由」與維持生活共同體所必要的「和平」也才能獲得確保！

——《自由台灣》一九八六年

國家的目的不在滿足需求，而在保障權利

——「人格自由主義」的國家哲學大綱之三

依據「權利國家」的理念，國家的目的乃在保障個人的權利；而依「法治國家」的理念，國家公權力的行使應受法律規範的約束。此兩者爲「人格自由主義」國家概念的兩個面向。國家也只能在不違背權利國家、法治國家的要求下才可實行社會責任，以避免用「利益」取代「權利」所帶來的紊亂。

在《自由臺灣》第六期的「自由主義講座」裏，筆者曾就「人格自由主義」的國家哲學大綱第一條加以闡述，略謂「國家乃是人們爲了保障每個人的權利所結合而成的羣體」。易言之，在國家秩序內，每個人（含國家公權力）均須依據普遍有效的律則來作爲或不作爲，如此，方能「定分止爭」。這種國家概念正是典型的「權利國家」或「法治國家」的概念，它們均源自於同一個德文字「Rechtsstaat」。後者是由「Recht」與「Staat」兩個字合組而成的。「Staat」指「國家」，「Recht」則有雙層意涵：一指「主觀的權利」，二指「客觀的法律規範」。

「權利國家」、「法治國家」是「人格自由主義」國家概念的兩個面向

依據「權利國家」的理念，國家的目的乃在於保障個人的「權利」，這是側重在保障被統治者的「權利」而立論的。在思想史上最能代表這種思路的，首推霍布士、康德兩人。在政治史上則具現在美國獨立戰爭與法國大革命時期所宣布出來的「人權宣言」。依照「權利國家」的基本見解，每個人均應享有某些——爲了維護其「人性尊嚴」而與「人的本質」不能分割的——基本權利，國家乃是人們爲了確

保這些基本權利（即『人權』），相與結合而成的「生活共同體」。當國家公權力恣意侵犯這些基本權利時，即與國家存立的理由相背離。在這種情況下，現實存在的國家之正當性勢將動搖，而國家生活秩序的全面調整亦將不可避免。

依據「法治國家」的理念，國家公權力的行使絕非漫無限制，而是應該受到「法律規範」的約束。此所謂「法律規範」，乃是指經由國會認可的「法律」而言，而非行政機關所可任意頒訂。這裏就涉及「國會至上主義」與「權力分立原則」。依近代代議民主政治的理論，只有「國會」才能代表人民總意志：基於自律自治的要求，只有國民全體才是國家公權力的唯一來源，也正因爲如此，只有——直接由國民全體選出的代議士所組成的——國會才有資格制定法律。同樣地，權力若太過集中，太過絕對化，則人民的權利將難有保障，因此，行政、立法、司法三種權力，應由不同的國家機構來行使，才能達到權力間相互制衡的效果，而人民的權利亦因此而得以保障，最能代表上述這種思路的有盧梭、孟德斯鳩與康德。這種思想也具現在十八世紀以來各自由民主國家的憲法裏頭。立憲主義運動正是「法治國家」思想的落實，它側重在限制國家公權力的行使上，國家公權力不但要遵守憲法，也應遵守法律來行使，否則就是違憲。國家公權力本身違憲，就極易形成憲政危機。

十九世紀新興的社會主義國家觀

因此，吾人可將「權利國家」與「法治國家」視爲一體的兩面。只是要特別留意一點，國內對「法治」一語，多有誤解，此之所謂「法治」，絕非依「實證法」而治，而是依合於正義理念、合於人民總意志、與「自然法」不相背離的「法律」而治。這種「人格自由主義」的國家概念，由於强調「人權」、「國民主權」、「權力分立」等公法學的基本原理，對於傳統的封建統治政權予以毀滅性的批判，這是任何研究近代法律政治思想史的人所無法加以否認的，連最激進的馬克斯主義者，也不得不承認這些所謂「布爾喬亞階級的哲學家」有其深具革命性、進步性的一面，也承認他們的學理對整個歷史的發展而言，頗富積極、正面的意義。

但是，自十九世紀中葉以來，上述這種國家概念，也備受指責。有人認爲，所謂「權利國家」，所保障的莫過於私人利益與私人的原創性。一言以蔽之，「權利國家」美其名在保障「每個人」的權利，其實只是在保障「部分人」的權利而已。所謂「法治國家」所依恃的「法律」絕非人民「全體」的總意志，而是主宰著經濟活動的新興中產階級的意志而已。易言之，「法律」只不過是階級壓迫的工具而已，殊少有所謂的「正義」、「衡平」等內涵。因此，社會主義者就指責「權利國家」或「法治國家」爲「資產階級」的歷史產物，認爲這種國家概念將使經濟上的弱者失卻保護，而成爲「失權狀態」。爲了克服國家的「階級性格」，他們乃提出所謂「國家的社會責任」的新觀念，强調以社會福利、社會安全等措施，來保障經濟上弱者的利益。蓋彼等認爲權利思想，純爲「資產階級法權」服務，在一個工業化普及的社會還在提倡「權利思想」，毋寧是反動的。

「利益」是「經驗概念」

在這裏，我們看到了一個極爲鮮明的例子，將「權利」與「利益」嚴重地混淆在一起。所謂「利益」，乃是指「需求之滿足」而言，而「需求」則往往因人、因時、因地而異，原無客觀的標準可言。至於「滿足」，則指主觀上十分適意的心理狀態而言，一個人對於其需求之滿足的程度，很難客觀地加以界定。換句話說，「利益」不是「理性概念」，而是一個「經驗概念」。因爲，吾人無法先天地、合法則地界定「利益」爲何物，而只能在具體的情形出現時，才能個別地加以認定。

同理，人的需求，往往因時而異，人對其需求是否滿足，也是與時推移的。更甚者，人的需求亦不盡相同，有時更自相矛盾、相衝突，試問此時如何調和各個人不同的「需求」，使能和平共存於同一個「生活共同體」裏？

誠然，依一般倫理義務來講，我們是應該關懷別人的需求；在滿足自己需求時，也不該忽略了他人需求之滿足；我們甚至該幫助他人滿足其需求……。但是，這些充其量只不過是「倫理義務」，而不是「法律義務」。因爲，關懷他人的需求，重視他人的需求，甚至幫助他人滿足其需求……並非導自、也無法導自「權利」或「法律」的普遍律則，因爲，沒有人能被强迫去優先考慮別人需求之滿足，而置自己之需求於不顧。

人必須擁有某種絕對不可侵犯的「外在自由」

退一步來講，縱使人有「法律義務」要爲滿足他人之需求而有所作爲，那麼，在他要有所作爲之前，人必須先「能」有所作爲。如果人「不能」有所作爲的話，那他根本不可能爲滿足他人之需求而有所作爲。而一個人是否「能」有所作爲，則又取決於別人如何作爲。譬如說，我想幫老人摘下一顆蘋果，以滿足他解渴的需求。當我伸手去摘蘋果時，偏偏有個第三者出手制止我，那麼我便「不能」有所作爲了，亦即我之能否有所作爲，就取決於第三者是否制止我而定。假使我没有某種絕對不可侵犯的「外在自由」的話，那麼我的任何作爲只能視爲「偶然」而已，因爲恰巧那個第三者没有出手制止我，但我卻不能保證那個第三者一直不制止我摘取蘋果。

由上可知，如果人想要有所作爲的話，他必須享有某種「外在自由」。但是，話説回來，人卻不可以享有恣意的「外在自由」。否則，人就可以任意干擾他人的「外在自由」了。由這兩個命題（即「人必須享有某種『外在自由』」與「人不可享有恣意的『外在自由』」）可以導出「外在自由」的普遍律則，即「權利」的律則。即每個人均享有某種「外在自由」，只要此「外在自由」與其他各個人之「外在自由」能和諧並存的話。這就是自由意志之外部運用，每個人依其「自由意志」去「要」，而且「要」得不自相矛盾，在這個存在著普遍和諧的意志交錯關係中，吾人看到了「權利概念」的始原性及純粹性。

「權利」是「理性概念」

「權利概念」之所以是「理性概念」即導因於奠定在「人人均同爲理性者」、「人人均同爲道德律的絕對主體」這個根本假定上面。正因爲人人均同爲道德主體，因此，人人均同樣有自由意志，各個人的自由意志間就產生對等交互影響與交互作用的關係。就像在自然現象中，有作用力與反作用力恆相等的「自然律」一樣，在自由意志的外部運用中，也有作用力與反作用力恆相等的「權利律則」。對違反權利律則的作爲（作用力）予以制止（反作用力），就是合於權利律則的要求。另言之，各個人在其自由意志的外部運用中，雖然恆處於相矛盾、相對立的狀態，但卻不像「需求」或「利益」毫無法則可資依循。「權利概念」自身就已經蘊含著普遍有效的律則，因此，「權利概念」絕非所謂的「經驗概念」，更非所謂的「歷史產物」或是「具有濃厚的階級屬性」，它乃是先天的「理性概念」。因此，「人格自由主義」的國家哲學大綱第二條就是界定「權利」爲「每個人的『外在自由』，只要此『外在自由』能與所有其他人之『外在自由』依據律則和諧並存的話」。

因此，權利律則絕非要求人去關懷他人之利益或不要去侵害他人之利益，因爲，他人的利益（即他人需求之滿足）未必合於權利律則的要求。同樣地，權利律則也不要求「別人要幫我」或「別人不得侵害我的利益」，因爲我的利益（即我的需求之滿足）亦未必合於權利律則的要求。每個人對自由意志做外部運用時，都應該受到普遍律則的約束。我依照此權利律則來限制他人恣意之運用，別人也依此權利律則來限制我的恣意之運用。這就是「人格自由主義」的國家哲學大綱第三條的要旨：

「『人的權利』是以不得與『人的利益』相混淆。『權利』並非用以保障人們需求之滿足，而是用以保障——爲了滿足此需求——人們有做他們想做的事的自由，只要其所願望之事與普遍律則能相並存的話。」

「保障權利」與「滿足需求」大有區別

如果十八世紀下半葉以來的權利觀應予批評的話，絕不是社會主義者所認爲的，逕以「國家的社會責任」來取代「資產階級法權」；而是應該對洛克、普芬道夫、吳爾夫等人的法權哲學徹底予以批判，並從而建立正確的權利概念，方是正途。因爲，社會主義者在法權哲學的基線上與洛克等人是同一等級的，所不同的是，後者代表當時新興的中產階級的需求、利益，前者代表隨著工業革命而來的廣大勞動羣衆的需求、利益而已。洛克等人認爲人的始原權利建立在某些基本需求上，因此，人有生命權、財產權、工作權……等。但是，誰能保證，別人因爲我這些始原權利的關係，有義務幫我活命，幫我擁有財產，幫我找一份工作？其實這些始原權利毋寧是課大家以義務，不能恣意傷害別人生命，不能恣意侵害他人財產或工作而已。即以財產權爲例，它所保障的是，所有者享有排他地使用某些東西的權利。這並非意味著所有者需要這些東西，或沒有這些東西就不能活命。而是，假使排他地使用東西的可能性，在原則上，遭到否定時，那就意味著，人與人相處，不可能合法則地使用東西，那人類社會就永無寧日了。

「法治國」乃是「社會國」的基礎

因此，固然「國家的社會責任」有其存在的必要性，卻不得逕行以此替代「權利國家」及「法治國家」的概念。就像個人只能在不違背倫理義務、道德要求下，才可以盡力去追求其個人利益與幸福一樣。國家也只能在不違背國家法的基本原則（如人權、國民主權、權力分立等），亦即在不違背「權利國家」、「法治國家」

的要求，才可以去實行「社會責任」。否則，本末倒置，以「需求」、「利益」取代「權利」，則整個「生活共同體」的秩序就很難維繫了。因爲，居時必是强者的需求、利益，才是是非、曲直的判準，那麼整個社會又將不可避免地墮入「萬人對萬人鬥爭」的前國家狀態了。因此，捍衛「權利國家」、「法治國家」，毋寧是人格自由主義者的第一責務。

——《自由台灣》一九八六年

回歸民主憲政

護憲派的崛起是民主化成功的新契機

國民黨政府自遷台後，為鞏固政權，建立非常體制，架空憲政，而學校及大衆傳播卻一再灌輸學生或國民各種民主政治常識，即政府不斷透過部門系統所施行的民主教育，正不斷培育對抗、否定「非常體制」的「合法獨裁」的預備隊。本文是朱高正于解嚴前夕所撰，呼籲朝野應以維護憲法為共識，以避免政局走向兩極化。以這樣的觀點來檢視當前政治環境，仍具有相當的眞實性及參考價值。

今年（一九八六）五月十日總統府國策顧問陶百川及三位自由派學者邀宴黨內外人士就最近「黨外公政會」擬設立地方分會一事進行溝通。結果出人意表，執政當局做了重大的讓步，引起廣泛的好評。這無疑是最高當局在參綜國內外整個局勢後，所做的明智決定，也宣示了執政黨貫徹民主憲政的誠意。這對緩和四個多月來緊張的黨內外對峙情勢，具有十足的正面效果。誠然，仍有些細節問題有待進一步的磋商、溝通。但是，相信雙方站在互信互諒的基礎上，任何問題均可透過理性的對話，謀求解決。筆者深信此次的「政治溝通」已爲我國民主化的努力立下了一個嶄新里程碑，如何珍惜政治溝通的成果，更進而促成良性循環效果的持續，毋寧是今後所有關切民主法治的人士所應戮力以赴的。

憲法是規範政治活動的最高原則

在此筆者要特別指出的是，此次溝通之所以能夠成功，固然是各方政治勢力能相忍爲國。但是，參與此次溝通人士的背景資料，卻也具有格外引人注目的意義；自由派學者胡佛及李鴻禧兩位教授均是望重士林，公認是憲法學泰斗；國民黨方面的梁肅戎先生則是日本明治大學的法學博士；黨外的監察委員尤清先生也是西德海德堡大學的法學博士。其他參與人士則大多受過相當良好的法學教育。而參與溝通人士所達成的三項協議中的第一項即是大家「對中華民國憲法的實施都具有共識」。這個共識正是解決憲法爭議，克服憲政危機的憑藉。這個共識也是各方同意公政會及其分會成立的理據，同時也是今後共同爲政治的和諧而努力的最佳保證！易言之，三項協議，歸根究底，只有一項，那就是——對憲法的忠誠；以中華民國憲法爲從事政治活動的各黨派所應共遵共守的客觀價值規範，任何憲法上的爭議必須本諸憲法的規定及其精神來論辯，這正是立憲主義思想的自然流露。而參與溝通的人士，因均有相當的法學素養，其不約而同主張以中華民國憲法爲政治活動的最高價值規範，本應是極爲平常的事，但是在此時此地的臺灣，卻是件令人歡欣鼓舞的創舉！

衆所周知，　孫中山先生推翻數千年的帝制，創建民國，所努力的乃是要建立一個有自尊、有自信、人民有權、政府有能的均富社會。而立憲運動正是滿清末年政治改革的主流，孫中山先生承襲了這個立憲運動的精神，乃有民國元年制定「臨時約法」，以爲防制袁世凱謀權篡國野心之張本，其後之「二次革命」及「護法戰爭」均是立憲主義精神的體現。唯自共產黨全面叛變以後，政府雖退處海隅，仍思光復神州，行憲全國。因此，一面在各級學校教育仍一再標榜「堅守民主陣容」及「勵行民主憲政」的決心；同時，卻因當年在大陸對學潮、工潮、兵變、罷市……等慘痛經驗記憶猶新，於是將撤退時期的「非常體制」持續沿用至今。而構成「非常體制」的兩大支柱——「動員戡亂時期臨時條款」及「戒嚴法」——則排除「憲法的本質規定」之適用，導致架空憲政，人民的基本權利無法得到一般民主國家應有的充份保障，以致「非常體制」終難免有「合法的獨裁」之譏。這種「理想」（「勵行民主憲政」的教育）和「現實」（「非常體制」的持續沿襲）的嚴重衝突，正是目前國內政情不安的根本原因所在，亞里斯多德在其《政治學》中有一段精闢的論述足供參考，意謂：

「一個國家秩序安定的最好保障，莫過於建立一套與統治形態相應的教育體系，一個民主國家需要一個民主式的教育；貴族政體則需貴族式的教育，同樣地，君主政體所需的則是哲王式的教育措施。設若在一君主國家中實施民主式的教育，則人民必以多數決爲尚，而反對君主個人權威，國政勢將日益紛亂，終至敗亡。」

「教育理想」應與「政治現實」相協調

上述這個情形不也發生在我國嗎?學校裏或大衆傳播機構均一再灌輸學生或國民各種民主政治的常識，這由公民教材和「選賢與能」的行政措施上可見一斑。但是，在現實上，「非常體制」的「合法獨裁」卻又是不爭的事實，諸如以前過分嚴苛的出國管制（如今出國觀光已習以爲常了）和最近曾嚴禁公政會成立分會等事，均是良好的例證，這是一個值得重視的潛在危機，政府經由教育系統與大衆傳播所施行的民主教育，正不斷地培育對抗、否定「非常體制」的「合法獨裁」的大量預備軍。只要憲政一日不落實，則此危機勢必愈加惡化，而近十數年來，國內政治衝突幾乎皆可以從這個「教育理想」與「政治現實」相衝突、相矛盾所爆發出來的危機來加以解釋。如今，五月十日的「政治溝通」，各方異口同聲，肯定了憲法至高無上的尊嚴，毋寧是極其值得額手稱慶的，這意味著執政當局今後將一本福國利民的血誠，逐漸調整「非常體制」，更加充實民主憲政的內涵，這由承認公政會及其分會得以設立，可窺其大要。

但是，卻也有足堪令人擔憂者，黨外人士由於長期受到壓抑，其中難免有少數人對「體制內改革」早已絕望，主張「改造體制」，根本否定中華民國憲法的正當性。相反地，國民黨內部也有不少人士無法適應最高當局的明智抉擇，他們長期惦念著光復故國的神聖使命，早已習於「非常體制」，當「非常體制」與憲法規定相牴觸時，亦以排除憲法之適用爲常態，蓋國家安全重於一切也。如今，難得在國民黨這方面出現了開明派，而黨外人士也以溫和派居多，兩者均認可憲法爲最高的政治價值規範，再在自由派大師們的襄贊下，已然形成了不分黨內外、不分從政與否、均能以維護憲法爲職志的護憲派，在這個共識之下，我國未來的政治建設無疑是充滿了一片美好的前景，這不亦正是　國父孫中山先生創建民國的理想嗎？這不亦正是黨外人士多年來所生死以之的理想嗎？這個共識如今已經落實爲黨內外的具體協議，而不再是空想了，這個共識正是我國今後民主化的新契機。

政治之訣竅，莫貴乎中道

筆者在此想呼籲黨外主張「改造體制」的人士及國民黨內主張貫徹「非常體制」的大老們，共同珍惜此次「政治溝通」的成果，並應促成良性循環的效果。因爲，唯有如此，黨外向來所主張的政治理想才能以穩健的方法獲得實現。吾人不該爲「改造體制」而「改造體制」，因爲「改造體制」乃是在「體制內改革」已確實無望後，所不得不採行的方法，如今既然有了新的轉機，就不該放棄任何和平改革的機會！同樣，較爲保守的黨國大老們應該同意，「政治溝通」的良性循環效果必能促進早日實行民主憲政的革命建國理想，也唯有如此，臺灣才能真正成爲三民主義的模範省，這對「三民主義統一中國」目標的達成具有絕大的影響，對於最高當局的決定，應以加倍的敬意來予以支持才是，切莫橫生枝節。須知今日假使主張「改造體制」者，以激烈的方式，一意孤行，貿然破壞社會和諧事小，激起擁護「非常體制」者的反擊事大；這麼一來，國民黨的開明派必將式微，而黨外的溫和派亦將受到激進派的挾持，這將使國內的政治衝突趨向兩極化，這種相激相盪的惡果，令人不禁擔憂萬分，這就是筆者何以一再强調珍惜「政治溝通」的理由所在，在結束本文之前，筆者想引述西方政治思想史上的兩位大師——亞里斯多德與孟德斯鳩——在其大著——《政治學》與《法律精神》——中所共有的見解和所有從政人士共勉：政治之訣竅，莫貴乎中道。

——《民衆日報》一九八六年五月

我國「憲法的本質規定」試探

——「非常體制」違憲性之批判

聯邦德國憲法規定，違害「自由民主的基本秩序」者不得享有人權。這種制定實與民權主義之「革命民權學説」不謀而合。朱高正從憲法解釋學的角度賦與「民國」特定的内涵，而確證「民國」實爲我國「憲法的本質規定」。反對「民國」者，指的是違害自由民主的基本秩序，而非泛指一般政治上的異議人士。以此証之，過去政府以戒嚴法打壓異議人士的作法，實乃嚴重的違憲行爲。

今（一九八六）年五月十一日《聯合報》以頭版頭條新聞，處理萬衆矚目的黨內外溝通問題，在陶百川先生及其他三位自由派學者居間折衝之下，國民黨終於與黨外人士就下列三項問題達成協議：

(1)參加人士對中華民國憲法的實施都具有共識，至於如何積極推動民主憲政，仍有待繼續磋商。

(2)參加人士對公政會與分會的成立都表示同意，至於對「登記」及「名稱」問題，仍有不同意見，有待進一步磋商。

(3)參加人士一致同意，在磋商期間共同爲政治的和諧而努力。

雙方仍有歧見存在

可見就「如何積極推動民主憲政」與公政會應否登記及易名等問題，雙方仍有歧見存在。此外，聯合報亦指出雙方爭執的要點：

「執政黨與會人士要求無黨籍人士不要拿外國民主政治的標準來衡量我國政治發展的現況，且應有非常時期不同於承平時期的共識。

無黨籍人士則表示：①大家在理性及誠意的基礎上相互溝通；②共同遵守憲法

規定；③執政黨及其黨員在今年八月提名中央民意代表之前，應先提出健全政黨政治的方案；④人民有言論結社的自由。」

由此可見，問題的癥結所在，絕不是該不該遵守憲法的問題，而是憲政的落實是否應受「非常時期」的限制，如果應受到限制，那麼應受到何種程度的限制，以及是否有客觀的準繩可資依循。筆者深信，目前國家處境的確十分艱難，但是，無論如何，「憲法的本質規定」（Wesensbestimmungen der Verfassung）絕不能予以漠視。易言之，固然執政當局得以「動員戡亂時期臨時條款」增強總統的權限，以提高其應變能力，但卻不可因此而傷害到「憲法的本質規定」。所謂「憲法的本質規定」，係指憲法中的重要條款及其根本制度而言。若捨棄這些本質規定，則憲法的實質內容將被挖空，且當初立憲的理想亦將被棄置。另外，「臨時條款」中有些規定，固然制定當時有其不得不然的理由，但是於今看來顯無必要者，卻迄未見有關當局有修改之意。譬如說，臨時條款第三條規定：

「動員戡亂時期，總統副總統得連選連任，不受憲法第四十七條連任一次之限制。」

何不逕行廢除臨時條款

去年蔣經國總統正式宣稱他及其家人「不能也不會」出任下一居總統。既然如此，何不逕行廢除「臨時條款」第三項，回復憲法第四十七條之效力，以示尊重憲法呢?如果我國要實行「民主法治」而非「聖王人治」，則建立一恆常的制度，實比個人承諾要重要得多!須知憲法上之所以規定總統任期以連任一次爲限，實有至理在。有人或以爲只要「聖王」出，那就是「真命天子」，理應任其治理，豈可有任期制限之?殊不知，聖人五百年不一出，即使出了，也不見得出在帝王（或總統）家。即使因緣際會，得爲「聖王」，然而「聖王」也是人，有其私慾，少有傳賢不傳子者。冀其子爲聖人，亦渺不可得。更何況，「聖王」只要久居其位，國政必日益腐敗，證諸史實，賢如唐玄宗、清高宗者，皆難免有晚年縱物慾，近小人之譏，遑論一般從政人士?!這就是總統任期要有限制的道理，既然蔣經國先生已宣稱「不能也不會」，那麼，吾人實在看不出何以「臨時條款」第三項不能即時予以廢止?否則，將來出現一個年輕的政治强人，一再引用這項條文，不斷連選連任，且自認如此完全合乎憲法，則我國不知要再延緩幾個世代才能在政治上有所進化!在這個問題上，宣稱實施民主憲政的執政當局，還好意思主張「非常時期認知不可無」，堅持臨時條款第三項乃執政當局勵行憲政的鐵證嗎？

孫中山的理想未被充分闡述

依照我國憲法的前言，中華民國憲法之制度乃依據「孫中山先生創立中華民國之遺教」，且憲法第一條明定：

「中華民國基於三民主義，爲民有民治民享之民主共和國。」

由此可知，「孫中山先生創立中華民國之遺教」乃是我國立國精神之所在，應爲我國憲法解釋之最高指導原理。然而孫中山先生創建民國的理想，迄今卻未見有人謹嚴地從憲法學或國家法學的立場予以闡述，殊屬遺憾。固然，三民主義的研究機構遍布各大學研究所及中央級的學術研究機構，然而，時至今日，未曾有以孫中山先生創建民國的理想爲我國憲政生活的最高指導原理來研究三民主義。因此，筆者以一國家法學者的立場來論述「民國的理想」，並試圖賦予具體的實質憲法的內涵，以爲界定我國憲法本質規定之張本。

首先，要指出既然本文涉及憲法的問題，則有關國父遺教的部分當然是以民權主義爲主，間或涉及民族或民生主義。衆所週知，民權主義的主要內容爲：革命民權、國民主權（四萬萬人當皇帝）、權能區分（人民有權，政府有能）、權力分立（五權憲法）、均權制度（中央與地方均權）及地方自治等。在此，筆者擬先從革命民權學說著手。

反對民國者不得享有民權

崔書琴先生所著《三民主義新論》一書曾詳考孫中山先生的革命民權學說乃受列寧的無產階級專政理論的影響。蓋民國初年，孫先生頗痛心於革命同志意向不堅，對革命建國的理想認識不清，而一般民衆尤茫然於民國之真義，乃提出革命民權學說，主張「反對民國者，不得享有民權」。這就好比列寧一九一七年十月在推翻克倫斯基於二月革命後取代沙皇而建立的資產階級政權後，爲防止資產階級復辟，而限制資產階級的各種政治權利，如言論、集會、結社……等自由權。一方面用以避免資產階級利用這些權利，推翻無產階級政權，篡奪無產階級的革命成果；另一方面用以强固無產階級政權，以利進行各項改革措施。當然，從今天看來，這種理論頗不值取，因爲在蘇聯無產階級專政近七十年的結果，所謂「人民民主」、「直接民主」、「真民主」不但不曾實現，反而迫害人權的事件層出不窮，其中以索忍尼辛和沙卡洛夫最引人注目，至於愚民政策、封鎖新聞、剝奪人民知的權利，則以最近爆發的「車諾比核電廠災變」爲最好的例證。

孫中山的「革命民權學說」是進步的

雖然崔書琴先生確證孫中山先生的革命民權學說受到列寧的無產階級專政理論影響。但是，同樣真實的是，孫中山先生不只一次明確地反對「無產階級革命」、反對搞「階級黨」。因此，縱然崔書琴先生的考證屬實，吾人亦不能逕行主張孫中山先生的革命民權學說，即等於列寧無產階級專政理論的中國版，蓋「民國」實有別於「無產階級專政」也。其實，以今日國家法學的立場來看，孫中山先生革命民權學說毋寧是極爲進步的，雖然孫中山先生或許不知，或許是無意間受到列寧影響而有此理論之建構，但他的確有意拒斥列寧的共產主義。因此，筆者有極充分的理由，爲孫中山先生的革命民權學說做翻案文章：孫中山先生絕不是對「政治上持異議者」不寬容，而是對「反對民國的人士」不寬容而已。明言之，如果贊成民國的理想，而在政治上的見解與孫先生相左，孫先生亦一概承認其有言論、集會、結社的自由。孫先生也一再在其他黨派的歡迎會上致詞。由此可以得知，在政見上與國民黨不同的黨派也可以享有「民權」，只要它們不反對「民國」的理想。

在國家哲學及國家法學上存在著一根本的兩難問題（Dilemma）：在自由民主國家裏，對反自由、反民主的言論或政黨，是否亦應保障其言論及組黨之自由權。設若對自由的敵人亦一視同仁，保障其言論或政黨之自由，則此自由民主國家終難自保；反之，若對自由的敵人剝奪其自由，則難免有不寬容之譏，蓋此與自由主義之基本精神似難相容，誠如服爾泰所言：我雖然不贊成你的意見，但我絕對願意捨命保障你有表達你意見的權利。這兩難正是孫中山先生革命民權學說所涉及的問題。有關這個問題在立憲史上首次出現在一九四七年的意大利憲法上面，明定反自由，反民主之言論亦同樣受到保障，這種貫徹自由民主的決心固然值得稱讚，但是卻也得冒反民主人士以「合法」的方式變更「國體」、「國憲」，建立專制獨裁政權的危險。

有自衛能力的憲政體系

一九三三年元月卅日希特勒不就是以「合法」的手段取得政權嗎？隨後即接管

工會、教會、警察、軍隊，並以緊急授權法爲依據 凍結憲法所明定的人權條款，如言論、出版、集會、結社等自由權，更進一步勒令其他政黨自行解散或中止政治活動，並展開緝捕社會黨人的行動，在短短數個月內，架空威瑪憲法。直至第三帝國崩潰爲止，威瑪憲法的效力未曾明令停止，希特勒仍一再强調施行憲政，遵守憲法，只是以國家元首的命令指示：「憲法不牴觸納粹黨黨綱者繼續有效」而已！這個幾近導致亡國的歷史慘痛經驗乃是當今西德基本法草擬時，立憲代表們所親自感受的。因此，西德基本法第十八條規定：

濫用意見表達自由，特別是出版自由（第五條第一項）與學說自由（第五條第三項）；集會自由（第八條）；結社自由（第九條）；通訊秘密（第十條）；財產權（第十四條）或政治庇護權（第十六條第二項）來對抗自由民主的基本秩序者，喪失上述基本人權。基本人權之喪失及其範圍由聯邦憲法法院宣告。

第廿一條第二項規定

政黨，依其目標或其黨員之行爲，係以破壞自由民主的基本秩序或危害德意志聯邦共和國之存立爲目的者，爲違憲。其違憲性之問題由聯邦憲法法院裁判。

由上述這兩個規定得知，西德與義大利不同，它採用的是「對自由的敵人不保障其自由」。徵諸三十多年來的政治發展，這並無損於西德之爲一自由民主國家，這在國家法學上稱爲「可爭論的民主」（Streitbare Demokratie）或「有自衛能力的憲政體系」，西德的國家法學者，不論是左派、右派或是自由派，幾乎一致自詡此爲德國人的創見。殊不知孫中山先生早於二〇年代即已提出此種見解，並有意名之爲「革命民權學說」，以爲其民權主義之礎石。就有如西德之破壞「自由民主的基本秩序」者一樣，反對「民國」者亦不得享有與此有關的基本人權，這就是筆者認爲孫中山先生「革命民權學說」之所以是進步的道理所在！

自由民主的基本秩序

由上可知，革命民權學說「反對民國者，不得享有民權」中的「民國」，從國家法學來看相當於西德基本法上的「自由民主的基本秩序」。由於我國學界專門就「民國」這個概念所做的研究，尚付闕如，因此，筆者以爲，借助於西德憲法學研究上的成果，或可爲「民國」的憲法意涵及我國「憲法的本質規定」勾繪出一客觀的圖像，以爲憲政爭執提供一可共信共守之準則。在此，筆者先引述一段西德聯邦憲法法院於一九五二年宣判社會主義國家黨（係極右派政黨，由納粹餘孽所組成）

違憲時，對「自由民主的基本秩序」所作的解釋，該解釋迄今不但在審判實務上仍繼續有效，且在憲法學研究上的地位亦已確立：

「自由民主的基本秩序係指一種秩序，它排除任何的暴力或恣意統治，它是基於由各個時候的多數意志和自由平等所呈現出來的國民自決的法治國家的統治秩序。這種秩序的根本原則至少包含下列諸點：尊重具現在基本法的人權，尤其是生命權及人格自由發展權；國民主權；權力分立；政府責任，依法行政；司法獨立及多黨原則，所有政黨機會平等及合憲建立並行使反對的權利。」

而這個「自由民主的基本秩序」也正界定了西德憲法的本質規定。假若吾人可以將西德的「自由民主的基本秩序」來與孫中山先生所創建的「民國」的理想相比擬，那麼，吾人自亦可由此而界定我國憲法的本質規定。

我國憲法的重要規定之歸納

現在，筆者擬將我國憲法的重要規定，依上引西德聯邦憲法法院對「自由民主的基本秩序」所作的解釋，歸納爲下列七點：

㈠、尊重人權：我國憲法第二章規定「人民之權利義務」，此乃承襲一七八九年法國「人及公民的權利宣言」（以下簡稱「人權宣言」）的基本精神。孫中山先生一再强調「人民有權，政府有能」，而此「人民有權」正是憲法中明文所保障的各種自由權、平等權及參政權。更於第十五條保障「人民之生存權、工作權」。而一七八九年的法國「人權宣言」第二條亦規定：「一切政治結社的終極目的乃在保障自然的、無條件的人權。這些權利是自由、財產、安全及反抗壓迫。」可見人權清單乃是構成我國憲法的「本質規定」的要素之一。

㈡、國民主權原則：孫中山先生推翻兩千年來的帝制，創建民主共和，乃是要人民當家做主，他說：「四萬萬人做皇帝」正是主張國家主權在民的最佳寫照。因此，憲法第二條規定：「中華民國之主權屬於全體國民。」這也承襲了上引法國「人權宣言」第三條：「一切主權，依其本質源自人民全體。」

㈢、權力分立原理：依法國人權宣言第十六條規定：「權利沒保障，權力沒分離的社會，不得謂有憲法。」蓋依自由主義的基本見解，權力使人腐化，絕對的權力勢將造成絕對的腐化。而唯有權力才能克制權力。因此，只有權力分立，權力才不會被濫用，人民的權利也因此才能獲得制度化的保障。這也是孫中山先生所提出的「人民有權、政府有能」的「權能區分」理論；另一方面又提出五權憲法與均權制度的理由所在，這種見解也落實在我國憲法第五至十一章。

組黨是人民的基本權利

㈣、政府責任制度，㈤、依法行政原則與㈥、司法審判獨立等三點可視爲權力分立原理的應用。以政府責任制度言，政府應向代表民意之立法機關負責。我國憲法第五十五、五十七兩條分別就立法院對行政院長任命之同意權及行政院對立法院負責予以規定。而依法行政則於憲法第一百七十一、一百七十二兩條亦有規定：

「法律與憲法牴觸者無效。」

「命令與憲法或法律牴觸無效。」

由此可知，行政機關須依法行事。至於司法審判獨立明載於憲法第八十條：

「法官須超出黨派之外，依據法律獨立審判，不受任何干涉。」（有關司法審判獨立請參照拙文〈「國家利益」與「司法獨立」孰重？澄清一個顯然違憲的見解〉，刊載於今年五月十日出刊的《中國論壇》第二百五十五期，另見本書一二八頁以下。）

㈦、多黨體系：這個問題孫中山先生亦曾提及，且在我國憲法亦默認多黨制，詳情請參照拙文〈組黨是人民的基本權利——一個憲法解釋的嘗試〉（見本書第二四八頁以下）。

我國憲政發展被嚴重扭曲

上面所列這七點顯然可以解釋爲我國憲法的本質規定。所謂「本質規定」係指構成憲法之所以成爲自由民主法治立憲主義所必不可或缺而言。易言之，假使以某種理由，排除某部分，甚至排除全部「本質規定」之適用，這將使整個原有的立憲理想落空，國家秩序變質，終使憲法無以成爲規範國家生活之準繩，是以憲政危機隨即接踵而至，今欣聞國民黨與黨外人士雙方「對中華民國憲法的實施都具有共識」，但是雙方對於「如何積極推動民主憲政」，卻仍存有歧見。執政當局一再强調「非常時期」，認爲不該「拿外國民主政治的標準來衡量我國政治發展的現況」云云。衆所週知，由於「動員戡亂時期臨時條款」與「戒嚴法」的關係，我國的憲政發展被嚴重地扭曲。既然，本文在「前言」已反覆論證「動員戡亂時期臨時條款」第三項排除「憲法第四十七條」總統副總統只得連任一次之限制，於今看來，已不合時宜，且對未來恐有極不良的影響，執政當局理應拿出遵行憲法的誠意，廢除臨時條款第三項才對。同樣，亦應通盤檢討是否廢除臨時條款並宣布解嚴，至少應對我國憲法的本質規定予以尊重；在不違反、不牴觸這些做爲一個自由民主國家本應保有的「本質規定」的先決條件之下，才能以「非常時期」的理由，做絕對必要的權宜措施。否則徒有「堅守民主陣容」之承諾，而無自由民主之憲政，豈能收攬民心，化解國人對軍事統治之疑慮？

——《自由台灣》一九八六年

護衛人權就是護衛人性

——我國「憲法的本質規定」被架空的實例

人做爲「權利的主體」，具有某些不可讓渡的權利，並據此以抵抗他人的不法行爲。國家存立的目的，首在保障人民的權利。然而台灣過去在戒嚴體制之下，憲法所保障的基本人權橫遭漠視。本文從哲學的角度論證人權導源於人性，護衛人權就是護衛人性！

在形式上，我國一如其他自由民主國家，在憲法中對人民的基本權利有相當詳盡的規定，但是，在實質上，任何對我國憲法實況稍有研究的人，均會同意，這帖所謂的「人權清單」，在我國並不像其他國家一樣，對國家公權力有絕對的約束力。因為我國的憲政體制「在大房子（即憲法）旁邊又蓋了小房子（指臨時條款）」，這個「動員戡亂時期臨時條款」乃是所謂「非常體制」的法理依據。上一期《自由臺灣》刊出拙作〈架空憲法的「非常體制」發生史〉一文，曾就「動員戡亂時期臨時條款」制定以來的四次修正經過，證明修憲機構未曾尊重「憲法的本質規定」，一向只斤斤於自身既得權勢的維護，帶有極為濃厚的政治交易色彩。

宣布戒嚴需立法院同意

按臨時條款第一項規定：

「總統在動員戡亂時期，為避免國家或人民遭遇緊急危難，或應付財政經濟上重大變故，得經行政院會議之決議，為緊急處分，不受憲法第三十九條或第四十三條所規定程序之限制。」

依此，總統可以逕行宣布戒嚴，而不必「經立法院之通過或追認」（憲法第三十九條）；在立法院休會期間，亦不必「於發布命令後一個月內，提交立法院追認」（憲法第四十三條）。至於上引臨時條款第一項中「得經行政院會議之決議」亦無任何實質意義。蓋依臨時條款第四項規定，「動員戡亂時期（國民大會）本憲政體制授權總統得設動員戡亂機構」，依照此違憲性的「授權」，民國五十六年二月成立了「國家安全會議」（即所謂「動員戡亂機構」）。而行政院正、副院長，及外交、國防、財政、經濟等四部部長只是國家安全會議成員中的一小部份而已。行政院在實質上並非「非常體制」下的決策機構，它只不過是國家安全會議的執行機構而已！

因此，本來總統宣布戒嚴須要立法院同意或追認，若在休會期間則須先經行政院會議之決議，然後一個月內提交立法院同意。現在則排除憲法第三十九及四十三條之規定，總統得爲所欲爲，逕行宣布戒嚴或解嚴。不但立法院的職權被架空，連行政院也淪落爲「二級行政機關」，而不再是憲法第五十三條所規定的「國家最高行政機關」！

警察官署一再蹂躪國家主人翁

如上所述，由臨時條款衍生出來總統可以擅自頒布戒嚴令的「合法獨裁」權限。因此，只要總統一宣布戒嚴，則戒嚴法馬上生效，它可以取代任何法律的效力，甚至憲法的效力。譬如，依戒嚴法第八條規定，犯內亂罪、外患罪者，軍事機關得自行審判。這與憲法第九條規定：「人民除現役軍人外，不受軍事審判」顯然牴觸。尤其令人納悶者爲戒嚴法第十一條規定：

「戒嚴地域內，最高司令官有執行左列事項之權：

一　得停止集會結社及遊行請願，並取締言論、講學、新聞雜誌、圖畫、告白、標語暨其他出版物之認爲與軍事有妨害者。上述集會結社及遊行請願，必要時並得解散之。

二　得限制或禁止人民之宗教活動有礙治安者。

三　對於人民罷市、罷工、罷課及其他罷業，得禁止及强制其回復現狀。

四　得拆閱郵信電報，必要時並得扣留或沒收之。

……

六　得檢查旅客之認爲有嫌疑者。

……

八　戒嚴地域内，對於建築物、船舶、及認爲情形可疑之住宅，得施行檢查，但不得故意損害。

九　寄居於戒嚴地域内者，必要時得命其退出，並得對其遷入限制或禁止之。

十　因戒嚴上不得已時，得破壞人民之不動產。但應酌量補償之。

……」

如此一來，憲法上所明文保障的「居住及遷徙之自由」（第十條）、「言論、講學、著作及出版之自由」（第十一條）、「秘密通訊之自由」（第十二條）、「信仰宗教之自由」（第十三條）、「集會及結社之自由」（第十四條）、「生存權、工作權及財產權」（第十五條）等重要基本人權完全被架空！至於憲法第八條所保障的「人身自由權」則仍未受有效保障。雖說「違警罰法」已被大法官會議宣布違憲，但警察官署卻仍我行我素，繼續蹂躪國家的主人翁。

除此而外，在憲法上所保障的「無分男女、宗教、種族、階級、黨派，在法律上一律平等」的權利，不也空空如也嗎？女性的工作機會、升遷機會仍遠不如男性，山地少數民族瀕臨文化毀滅的噩運，黨外政團一再遭受政治迫害……。這不在在說明「平等權」仍未落實到憲政生活中嗎？至於憲法第十七條「人民有選舉、罷免、創制及複決之權」，更是大打折扣，省長及院轄市長遲遲不開放民選，國民大會的創制、複決兩權的行使一直停留在研議階段，中央民意機構蛻變成終身代表制。他如「人民有應考試、服公職之權」則除了早有一隻看不見的黑手在操縱外，身體有殘障的人民，非但得不到較好的照料，反而連應考權也被行政命令予以技術取消了！

綜上所述，我國憲法第二章「人民之權利義務」，除了納稅、服兵役及受國民教育等義務外，第七條到第十八條的基本人權全部慘遭戒嚴法腰斬。在現行的憲政體制下，人民對國家只有應盡的充分義務，並無應享的充分權利，這算什麼「民國」？

筆者在《自由臺灣》創刊號發表一篇題爲〈我國「憲法的本質規定」試探〉一文，其中有一段話頗能發人深省：

「一九三三年元月卅日希特勒不就是以『合法』的手段取得政權嗎？隨後即接管工會、教會、警察、軍隊，並以緊急授權法爲依據凍結憲法上所明定的人權條款，如言論、出版、集會、結社等自由權，更進一步勒令其他政黨自行解散或中止政治活動，並展開緝捕社會黨人的行動，在短短數個月內，架空威瑪憲法。直至第三帝國崩潰爲止，威瑪憲法的效力未曾明令停止，希特勒仍一再强調施行憲法，遵守憲法，只是以國家元首的命令指示：『憲法不抵觸納粹黨黨綱者繼續有效』而已！」

由於希特勒的權力過份膨脹的結果，第三帝國內早已不復有任何的反對勢力，偶而只有微乎其微的、零星式的個人反抗而已。因此，一旦希特勒擴張主義的野心浮現時，也沒有任何反對的聲音可以被聽到。他可以極其「冷靜而理性」地做出屠殺六百萬——毫無武裝、毫無組織，也不敢從事任何反抗活動的——猶太人的慘人寰的決定，而不曾有人勸諫過。真個是「只有偉大的人才會犯下偉大的錯誤」。

想當初一九三六年奧運會在柏林舉行，的確使德國國際地位大爲提高。尤其是一九三九年九月一日希特勒發動閃電戰，席捲整個歐洲大陸，其意氣風發，銳不可當，一洗凡爾賽和約以來的國恥，舉國歡騰。曾幾何時，好景不常，一九四四年六月六日盟軍登陸諾曼第以後，戰況急轉直下，幾近亡國。這意味著，再强者莫如三〇年代末期的納粹德國，但是，最弱的也非戰敗的第三帝國莫屬。何以如此，只因爲納粹的第三帝國缺乏一個國家應有的法度，事事取決於「領袖」，個人的威權遠在法律，甚至憲法之上。這種國家也許可以耀武揚威於一時，卻難保長治久安。

人乃是理論理性的主體

「民惟邦本，本固邦寧」於自由民主時代實另有深意在。蓋國家乃一羣「人」的結合，而非一羣「畜牲」的結合。所謂「人」就其具有「思維能力」（即我思）、「欲求能力」（即「我要」）而言，他就是「能知」、「能動」的「主體」，而不是單純「被知」、「被動」的「客體」。

因為人具有「思維方式」，因此，他不但可以認識到普遍有效的自然律，更可以進一步運用自然律來役使萬「物」。然而正因為他具有「思維能力」，他也可以針對人際關係做反省，從而探討在一個社會內人與人的關係如何安排，方屬允當，由此乃發展出社會學、心理學、經濟學、政治學……等社會科學的各種原理、學說，甚至有所謂的「社會發展的必然法則」。但是人的「思維能力」帶有濃厚的激進性格，亦即對「反省」而言是沒有休止符的！在對「物」的反省中，「物」畢竟是外在於人的客觀存在，在對「人際關係」的反省中，此「關係」雖與「人」有關，但畢竟還不是內在於「人」的。人的「思維能力」之極致運用，最後必導致對

「人的自身」、「人的本質」來反省，亦即「人乃是理論理性的主體」。

依社會科學的原理，人在社會中的行爲是可以預估的，易言之，某種程度的必然性可以經由社會科學所研究出來的因果法則加以預知。因此，人並非自由的，而是可以操縱的，最能代表這種思想的莫過於行爲學派。相反的，就人是「理論理性的主體」來看，這些社會科學的律則並非如同自然律一般，絕對有效，它只不過是相對有效罷了。因爲，人是不可能完全被操縱的。譬如，一位精神醫師最苦惱的莫過於碰到懂得精神醫學的病患。因爲，精神病患如果亦通曉精神醫學的話，則他也可以有意識地運用精神醫學上的法則來對抗其醫生的診斷，而醫生則因無法測知病患的病因及病情，以致束手無策。從這個事實，吾人可以得知，當吾人尚未意識到某行爲定則時，大多不知不覺暗合此定則行事。然而一旦意識到此定則，則可利用定則以達暗藏於內心之某一日的，甚至反此定則而行爲，這就是所謂的「自由」，這正是人運用其理論理性的必然結果：人不僅可以認知法則，並能利用法則。

人擁有某些絕對不可讓渡他人的權利

從人是「理論理性的主體」——而且是「絕對的主體」——這個事實可以導出

「消極意義的自由概念」。所謂「消極意義的自由概念」乃是指人有擺脫某些所謂「必然法則」的可能性。從而可以引申出「積極意義的自由概念」，即人可以完全獨立於經驗因素的制約，經由其純粹實踐理性，爲自己行爲的立法者。不食嗟來食，正是人可以擺脫任何經驗條件——甚至是生命（生命正是人生中一切經驗條件可能的基礎）——而維護至高無上的人性尊嚴的一個典範。在此例中，人不僅僅消極地違反一般的行爲定則（避禍趨福是也），更有一積極追求、生死以之的人生理想，在這種人生理想的設定上，他成爲自己行爲的立法者，這就是「積極意義的自由概念」。這正是人的「欲求能力」最徹底的顯現，人的「能動性」，「主動性」在「意志自由」裏也表露無遺。

人因爲有「思維能力」，因此其「欲求能力」也與「其他生類的欲求能力」大相逕庭。「人的欲求能力」絕不是受制於本能而毫無反省的自然能力，「人的欲求能力」要求不自相矛盾，否則，就難見容於其「思維能力」的批判。這不自相矛盾的要求，逼使這個「我要」務必遵循「我思」的法則，非得依照普遍有效的律則來「要」不可。因此，「我要」絕非恣意地「要」，它是不自相矛盾地、合於普遍律則地「要」。這種「欲求能力」所「要」的「自由」，不是恣意的自由，毫無羈束的自由。「人的欲求能力」所「要」的「自由」，是與道德律（即自律）能相並存的「自由」，而且「人的欲求能力」不但「可能」要這種合於道德律的自由，而且「必然」要這種自由，否則，人的意志將自相矛盾。因此，吾人行爲至高無上的律則是：

「我要這麼做，以便我的行爲能與普遍有效的行爲法則不相矛盾。」

至此，人才能算是真自由，人也才能真正成爲自己的主人，亦即「絕對的道德主體」。相對於他人或其他團體，就成爲「絕對的權利主體」。蓋道德行爲可分爲兩種，一爲純以內心立意爲斷，不論外部行爲後果的「倫理行爲」，這是「倫理」（Ethos）的範疇。二爲純以外部行爲爲斷，與內心立意無關的「法律行爲」，這是「法權」（Recht）的範疇。「法權」係「道德」的一部，因此，如果人是「道德的主體」，那必然也是「法權的主體」。人既然是「絕對的權利主體」，那就是說，人絕非權利的客體，亦即人擁有某些絕對不可讓渡給他人的權利。唯有藉著這些權利，他才能抵拒來自他人或其他團體（含國家）的侵害。這些權利因爲導自「人的本質」而不可或缺，因此，吾人稱之爲「人權」。

國家不是一羣「畜牲」的結合

國家是一羣「人」的結合，不是一羣「畜牲」的結合。人會思考也會有欲求。牛雖會欲求，但不會思考。人會欲求，且會欲求得不自相矛盾，也會欲求得違反本能的要求，這就是人之所以顯得尊貴而爲萬物之靈的緣故！國家固然是人的結合，就有義務來保障人之所以能爲人——真正自由的人——的條件，否則，國家的存在就與人要求成爲絕對的道德主體的願望相矛盾，國家也就失去存立的依據。納粹德國不是盛極一時嗎？但是何以一遭挫敗，隨即土崩瓦解？理由無他，在納粹極權統治下，只有一個人可以爲所欲爲而已。除此一人外，全部的德國人民都處在一種「失權狀態」，其做爲「人」原本應有的「權」早已被架空了！換言之，只有領袖希特勒才是「人」，甚至是「超人」（Übermensch）；其他通通是需要領袖指導的庸人，甚至是應予消滅的「低等人」（Untermensch）。在這種狀況下，類似下列的宣傳標語就不足爲奇了：

「領袖，您說，我們就跟您走。」

「領袖，德意志民族的救星，我們永遠追隨您。」

在希特勒統治下的只不過是一羣權利已被剝得精光的，只會應諾，不會反對的「牛羣」罷了。希特勒是人類有史以來對人性尊嚴蹂躪得最爲徹底，對人權鎮壓得最爲令人髮指的混世魔王。時至今日，在以五千年文化道統自居、以「堅守民主陣容」自我標榜的國民黨政府統治下的臺灣，竟然到處在書肆之中，陳列著推崇希魔的書籍，這是否也反映出統治者「英雄惺惺相惜」的醜陋心態？

國民黨政府使用移花接木的障眼法，將臺灣一步步地推入其早已設計好的「美麗新世界」。對寺廟、農會、工會、學校、警察、軍隊的全面滲透控制，早已不讓納粹專美於前，對架空整個憲政體制更遠較納粹爲精緻。他可以捨緊急處分權（實即緊急命令權）不用，經由對國大代表的籠絡、利誘，不斷修改臨時條款，不但架空立法院的職權，連行政院也難逃降格爲「二級行政機關」的命運，更進而利用宣布戒嚴的違憲特權（不必徵求立院同意或追認，也不必要行政院會議決議，徹底排除憲法第卅九、四十三條的適用）全面凍結憲法上所明文保障的全部人權條款，使人民真真正正、不折不扣墜入「失權狀態」的深淵。不僅人民的權利不受保障，連高級黨官也要唯「主席」馬首是瞻，整個國家原本是人才濟濟，如今卻只見狗奴才，而不見真人才！這個「非人化」的過程還在持續者，翻閱近現代史，有一個原則：踐踏人權的暴政，强如第三帝國，亦難逃敗亡的命運！因此先哲所言「民爲邦本，本固邦寧」，確爲至理。只有人民能真正成爲人，這種國家才可能有前途！人，只要人性未泯，無論如何地懦弱，亦終有一天會要求主宰自己的命運。對自由民主的信心，即是對人性的信心，無論這個政權是如何的强悍，也阻撓不了人要求自立自主的發自良心深處的呼喚。儘管大家「失權」已久，甚至早已麻木不仁了，但是追求「復權」的努力是永遠與反民主政權同其終始的！

——《自由台灣》一九八六年

「國家利益」與「司法獨立」孰重？

——澄清一個顯然違憲的見解

一般人常奉「國家利益」爲政府施政之圭臬，默許政府動輒以「國家利益」之名，犧牲人民權益。本文旨在澄清「國家利益」實乃一經驗概念，在民主國家，立法者必須在不違反國家法的根本原則下，去謀求「國家利益」。否則，必本末倒置，國家秩序將因而日壞，終至覆亡。

最高法院院長錢國成先生在立法院答覆立法委員質詢時主張：「國家利益應優先於司法獨立審判，當『國家利益』與『司法獨立』兩者不能兼顧時，只好犧牲『司法獨立』，保護『國家利益』。」這種似是而實非的見解竟然出諸最高法院院長之口，且在代表全國人民意志的最高立法機關裏公然提出，寧不怪哉？

其實主張「國家利益」高於一切，而成爲政治的最高指導原理者在西方有關國家哲學的學説裏俯拾即是。柏拉圖在其名著《國論》（一般誤譯爲《理想國》或《共和國》）裏就曾公然主張統治者爲了維護「國家利益」，必要時甚至可以編造謊話來欺騙人民。而霍布士也曾在其名著《利維坦》裏提到類似的見解。此外，近代的自然法大師普芬道夫（Samuel Pufendorf, 1632–94）更主張：基於「國家利益」的考慮，有時甚至必須承認一個非法謀篡政權的僭君統治國家的正當性，以避免因統治者一再的更迭而造成國內秩序的紛亂。

如此看來，錢院長主張「國家利益」高於「司法獨立」似乎没有什麼值得大驚小怪的，畢竟他還没像柏拉圖一樣，説爲了「國家利益」，政府可以公然撒謊，更没提出類似普芬道夫的言論——任何在位的統治者的合法性，基於「國家利益」的考慮，永不得置疑。但是，在此筆者要沈痛地指出，錢院長的見解與上述這兩位哲學家的主張，在本質上，均來自於同一國家思想上的根源。有關柏拉圖的國家思想中之極權主義的、反民主的見解，波普（K. R. Popper）在其大著《開放的社會及其敵人》中已有極精闢的批判，在此筆者擬就錢院長的言論從下列兩點予以審視。即「國家利益」到底是何所指，以及「國家利益」果真高於一切？

何謂「國家利益」？

「國家利益」是個相當冠冕堂皇的語辭，一般人聽慣了，就習以爲常，少有去探討其真實、具體的涵義。在有關國政的論辯中，似乎只要抬出「國家利益」來，相對者馬上知難而退，否則，必然遭受來自各方的交相責難，認爲不識大體，自私自利。

到底什麼是「國家利益」？概略來講，所謂「國家利益」就是泛指國家全體人民福祉之增進（含國家生存發展之維繫與促進，以及國家特定目標之達成等）之積極與消極利益之總稱。然而「國家利益」絕不是一個理性概念，而是一個不折不扣的經驗概念，因爲吾人並不能先天地界定何者爲「國家利益」，因爲何者可以增進全體人民福祉，何者可以維繫與促進國家之生存與發展，何者可以達成國家特定之目標等等問題，只有在具體的狀況出現時才能加以界定。既然「國家利益」是一個經驗概念，那麼這個經驗概念的內容的界定就和「誰」來界定與「如何」來界定必然地聯結在一起。

誰來界定「國家利益」？這個問題並不易答覆，但無論如何絕不是最高法院院長。一來最高法院院長並非司法院院長的代理人，因此沒資格代表司法院院長做任何意思表示。那麼界定「國家利益」的人會不會是司法院院長呢？我國憲法採行權力分立原理，有關司法政策之制定乃屬行政院的職權，司法院本不得介入，以其缺乏民意基礎故也。司法院院長頂多是以大法官會議的一員，當行政、立法兩院發生爭議時得運用憲法解釋權間接介入，但亦應嚴守分寸，超然於政爭之外，自不待言。在權力分立的國家裏舉凡政策之草擬、論辯、制定向來專屬立法、行政兩權。在立法權勢微的國家，界定「國家利益」之權淪落在行政權之手。反之，在「國會至上主義」的國家裏則立法權掌握界定「國家利益」之權。後者稱爲民主國家，前者稱爲專制國家。在此筆者想引述一段德國哲學家康德（Immanuel Kant, 1724–1804）在其國家哲學的著作中頗爲精闢的論述，供讀者諸君參考：

「一個建立在對人民——就好比父親對子女般——關愛的原則上的政府，稱爲家長式政權。這種政府視臣民如同未成年子女一般。由於未成年子女尚無法辨別何者對他們有益，何者對他們有害，因此臣民也得被迫相信統治者的善意，依照統治者所做的判斷，來決定其追求幸福的方式。這種家長式政權乃是吾人所可能想像得到最專制的政府。因爲，這麼一來，臣民的所有自由被剝奪得一乾二淨，他們也因此喪失了一切的權利。」

換句話說，如果政府把老百姓看做是乳臭未乾的子女，也就否定了人民獨立運用理性的能力，也就否定了人民有就公共事務公開運用其理性並發表與統治者相左意見的權利，也就徹底地否定了人權，這種政府不是專制，那麼是什麼？而立法院正是代表人民意志的機構，如果立法權不能決定何者爲「國家利益」，何者才是全體人民福祉之所在，反而事事由行政權越俎代庖，專擅決定「國家利益」之所在，這就有違近代代議民主政治的根本理念了！

既然上面已提過由「誰來界定」可以做爲研判「民主」或「專制」的標準。那麼依照我國憲法的規定，我們是一個民主國家。且執政當局亦一再地宣稱「堅守民主陣容」，顯然在我國決定「國家利益」者不應在行政權，而應在立法權。

至於在立法院「如何」來界定「國家利益」，因牽涉到整個代議政治的實際操作，國會內規、政黨政治及國會黨團運作等問題，頗爲複雜，在此不擬論述。

「國家利益」高於一切？

在英國有一句流傳甚廣的格言：「巴力門除了不會使男人生孩子外，無所不能。」這是「國會至上主義」最好的寫照，但卻也是一句於今看來頗爲不合時宜的話。蓋民主政治固然採用多數決，但是，民主政治的眞諦，毋寧除了服從多數外，更重要的是「尊重少數」。否則，民主政治將會流爲「多數暴力」的統治，有關「尊重少數」，在國會運作上發展出不少的原則出來。譬如說，對某些較重大的議案，常常不採用「相對多數決」，而採用「絕對多數決」，有時更强制採行「三分之二多數決」。這些都是用來保護少數的。

在此，筆者想提出幾個問題來向傳統的「國會至上主義」質疑。那就是說，國會是否有權廢除憲法上所保障的人身、言論、集會、結社等自由權？國會是否有權揚棄定期的國會選擧？國會是否有權概括地將自身的權限讓渡給行政權？國會是否有權要求司法審判應從屬於「國家利益」？

二次大戰以後，西德有鑑於威瑪憲法的慘痛經驗，在制定波昂基本法的時候，痛定思痛，對上述問題做了極爲明確的答覆。那就是在基本法的背後肯定了一個以人的尊嚴爲核心的基本價值體系，針對無論是來自左派或右派的極端主義者，建立了有充分自我防禦能力的、嶄新的憲政架構。該基本法第七十九條第三項明定基本法第一條及第廿條不得成爲修憲的對象。而第一條所規定者正是「人的尊嚴不可侵犯，尊重並保護此尊嚴乃是所有國家公權力的責務。」「下述的基本人權，乃是直接的法規範，約束立法、行政、司法等權力的行使」。第廿條則規定國體爲「民主的、社會的聯邦國家」，宣示國民主權思想、三權分立原理、法治國思想與人民的「抗暴權」（一般譯爲「抵抗權」）。換句話說，由人的尊嚴，基本人權、國民主權思想、權力分立原理、政府責任制度、依法行政原理、司法獨立審判及多黨體系（含各政黨機會均等及建立反對黨的自由）等所構成的指導國家生活的根本原則，自一九五二年被西德聯邦憲法法院界定爲「自由民主的基本秩序」，這個基本秩序不得成爲修憲的標的。更遑論立法機關可以擅自修改了，這在憲法學思想上乃是一大突破。這個來自於基本價值體系的「自由民主的基本秩序」無異爲國家法學提供了一套基本架構。

依照上述的說法，「司法獨立」乃是構成「自由民主的基本秩序」的要素之一。在我國憲法第八十條亦有明文規定，且動員戡亂時期臨時條款並未停止憲法第八十條之效力，自不得任意予以藐視曲解。立法院更不得以任何理由，諸如所謂的「國家利益」、「國家安全」等，排除該條文之適用。而最高法院院長理應維護、爭取憲法所保障的「獨立審判」之不暇，而何以竟唯恐不犧牲「獨立審判」，其大悖常理，擅做違憲解釋，自我設限，寧不怪哉？

在結束本文之前，又有一不得不言者，果真國家在極度危難中，倘若司法機關尚能運作，可否以「國家生存」為由，犧牲「司法獨立」？筆者以為萬萬不可。蓋就如同個人在不違反倫理規範的條件下，自可以，甚至是應該努力追求「個人幸福」；而國家亦應在不違反國家法的根本原理的條件下，去謀求「國家利益」。但若獨以追求「個人幸福」為是，無視於倫理法則，則人與禽獸何異？「個人幸福」的追求不足以成為倫理行為的指導原理，同樣若以追求所謂「國家利益」為最高原則，無視於國家法的基本原理，則必本末倒置，國家秩序必因而日壞，終致敗亂無止，「司法獨立」既是近代民主國家的根本理念之一，亦是自由民主與專制獨裁的分野，此時此地，豈可亂倡「國家利益優先於司法獨立」之謬論，且出諸應當具有相當法學素養的最高法院院長之口，豈不令人扼腕？——《中國論壇》一九八六年

國防體制合憲化初探

——從參謀總長可否迴避國會監督談起

一九八八年底參謀總長郝柏村再獲留任，使其任期堂堂進入第七年，打破了歷來參謀總長任期的記錄，違反了軍中將領輪調、任免的常規，同時也更增加了民衆對於「軍人干政」的疑慮。朱高正在本文中以德、日兩國戰前的史實，指出一個不受內閣節制、不受國會監督的軍隊，將對國家帶來莫大的危害。而台灣軍令權與軍政權至今仍然分立，軍令系統不受國會監督，事實上已扭曲了憲政體制，同時也潛藏著「槍桿子出政權」的危機。

十一月一日李登輝總統發佈參謀總長郝柏村將軍再留任一年的人事命令。隔日，筆者接受記者訪問時，對李總統此項命令是否合乎憲法第三十七條規定，即是否由行政院院長及國防部部長予以副署，表示質疑。當晚，新聞局局長正式聲明該項命令發佈之前，已先經行政院院長及國防部部長副署，完全合乎憲法所定之程序云云。執政當局此一遵守憲法的宣示，不啻爲建立正常的國防體制邁進一步，筆者深表歡迎。

然而李總統這項留任令仍造成極大的爭議，甚至在立法院引發是否應邀請有關人員——尤其是郝柏村本人——到院報告並備詢的交叉大辯論。參謀總長集國防預算之編列，重要軍職之調派、任用，三軍部隊之編裝改組，數額龐大的國防科技之投資與對外的武器採購，代訓外國部隊……等大權於一身，位高權重，卻不受國防部部長節制，也不受國會監督，甚至連李總統也爲之側目。因此，若不早做防範，將來恐怕會尾大不掉，難以收拾。

軍權應納入議會控制

揆諸歷史經驗，這乃根源於一八七一年德意志帝國憲法：規定皇帝以元首身份爲最高軍事統帥，而國防部部長則向帝國議會負責。這種「二元責任系統」，使普魯士的軍國主義氣焰猖狂高漲，軍隊成爲「國家中的國家」，外人無從置喙的「獨立王國」。表面上國防部部長雖然向帝國議會負責，但是帝國議會中的國防委員會並未成立，僅由預算委員會聽取報告、虛應故事，任何人膽敢質疑，便被指爲「叛國」或「不愛國」。有趣的是，該憲法規定，所有的公務員都要在就職時向憲法宣示效忠，唯獨軍人不必如此，而是向元首宣誓效忠；這種情形恰與我國國軍五大信念（依序爲「領袖、主義、國家、責任、榮譽」）之以「領袖」先於「國家」者如出一轍！

當時普魯士的參謀總長只向元首效命，不受國防部部長節制，遑論接受帝國議會之監督。直到第一次世界大戰一九一四年九月中旬，由於德軍在馬恩河會戰失利，使施里芬計劃癱瘓，參謀總長小毛奇將軍才首度蒞臨帝國議會報告。無獨有偶，一九四九年國軍內戰失利，時任參謀總長的顧祝同將軍也才破例首次到立法院報告。

二次大戰結束前的日本也有這樣的情形。當時軍閥當道，不受文人內閣節制，國會對之更是束手無策。天皇直接下達命令給軍令部部長，軍令部部長也可以避開內閣直接向天皇「帷幄上奏」，與清朝雍正時代軍機大臣可以直接「寄信上諭」正復相同。久之，軍人遂不可一世，乃至東條英機以軍人身份出任首相，使全日本捲起軍國主義的狂流。

而近代政治發展中的另一股民主憲政潮流，卻與德、日的歷史大異其趣。英國早在光榮革命後，於一六八九年通過「權利法案」，限制國王必須獲得議會同意，才能徵集及維持常備軍，亦即將軍權納入議會控制。法國大革命後所發佈的「人權宣言」，也確定軍隊屬於國民全體，而不屬於特定的統領者。北美「維吉尼亞憲法」更嚴格規定，軍隊必須服從文官之指揮與統制；此精神被美國聯邦憲法所採用。

諱莫如深的黑盒子

其實，「文官統制」乃源自中國文官領政的傳統。《廿二史箚記》載：「金初……爲相者多兼元帥。其時樞密院權主兵柄，而節制仍屬尚書省。……（宗翰—兼都元帥，拜太保尚書令、領三省事。宗弼—領行臺尚書省都元帥）可見兵事皆宰相參決也，及明昌以後，則兵事唯樞密院主之。而尚書省初不與聞。……貞祐四年，陳規疏言：宰相大臣，社稷生靈所繫，近詔軍旅之事，專委樞密，而尚書省坐視利害，泛然不問，以爲責不在己也，伏望戰守大計，須省院同議。」蔣緯國將軍在其大作《國防體制概論》中，也舉漢唐盛世爲例，認爲當時主軍事者，皆須受宰相統轄，其特點爲「軍政一體，以政領軍」，故漢唐能國勢顯赫，兵威遠播。迨宋神宗採軍政分家，使樞密院、尚書省各司其責，結果宋朝始終積弱不振。

如果軍權一旦脫離文官統制，「槍桿子裡出政權」的混亂局面就會接踵而來，漢朝的南北軍在皇位的繼承上舉足輕重，以及宋太祖趙匡胤「陳橋兵變，黃袍加身」，都是大家耳熟能詳的故事。洎至民國成立，「軍閥政治」更是變本加厲，始終阻撓國家的民主憲政建設。這種現象隨國府遷臺，迄今仍未解決。

蔣介石總統和蔣經國總統以強勢領導統治臺灣。由於特殊的政治背景，以及二位蔣總統與軍隊素有淵源，致使四十年來臺灣的軍隊一直未曾受國會有效節制，成了一個諱莫如深的黑盒子。尤有甚者，軍令權恆掌握於最高當局手中，此與我國憲政體制中行政院負實際政治責任的設計大相逕庭，造成只有軍政在形式上受國會監督，而軍令權則逍遙法外的現象。

這個問題先前已有人士撰文指出，近來因爲參謀總長郝柏村將軍的留任案，使社會大衆對此問題的合理解決愈感迫切。而該問題的本質乃在於我國尚未依據憲法建立正常的國防體制。

我國憲法第一百三十七條第二項規定：「國防之組織，以法律定之。」意即有關國防之事務必須先立一小憲法，作爲其他子法之母法。事實上行政院曾於三十餘年前，兩度移送「國防組織法」草案至立法院審議，惜格於當時情勢，並未通過實施。其後，反而「國防部組織法」及「國防部參謀本部組織法」先行制訂，後來居上。在立法程序上，這當然大有問題。更嚴重的是「國防部參謀本部組織法」第九條規定：「參謀總長在統帥系統爲總統之幕僚長，總統行使統帥權，關於軍隊之指揮，直接經由參謀總長下達軍隊。參謀總長在行政系統，爲部長之幕僚長。」使得軍政權與軍令權截然分化，並使參謀總長的角色混淆不清。

確立「文官統制」

按我國之憲法設計原本傾向內閣制，總統僅爲虛位元首。新聞局局長及國防部部長都表示，這次李總統發佈郝總長的留任令，曾依憲法第三十七條之規定，事先由行政院院長及國防部部長副署，就很明顯地證明了這一點。我們都知道，在內閣制的民主國家裡，元首的任免權只具形式意義，閣揆的副署權才是實質的權力所在。如果現在行政院院長及國防部部長確已副署，卻又不能也不願意爲其副署負起政治責任的話，這就令人懷疑，是不是國民黨權力結構的現實，已經將憲政體制根本扭曲了。

議者或曰總統行使統帥權，直接由參謀總長承命受令指揮軍隊，可收立即平亂釋危之功。然而這種歷史包袱與權力現實的糾纏，不但剝奪了行政院的職權，也規避了國會的監督，是不折不扣的違憲行爲。並且就事實的可能性來說，設有別具居心者就此職位，豈非將有軍人干政的隱憂？

回顧二次大戰前的日本及德國，軍隊不受內閣節制、國會監督，直接向最高統帥效命，漸久變成「獨立王國」，恣意行動；乃至發動侵略戰爭，招致不可挽救的災難。因此，戰後日本與西德都改弦易轍，把國家所有的武力都嚴格地納入內閣節制與國會監督。

美國國會與總統也有此共識：軍人應停留在能夠有效地參與國防政策，但不能越俎代庖主宰整個國防政策的決策過程。揆諸民主先進國家，「文官統制」（Civilian Control）早已確立，即國防事務應按照民主的程序接受內閣節制、國會監督，我國的參謀總長在行政系統既爲國防部部長之幕僚長，當然應隨同到立法院備詢！

國安會秘書長蔣緯國將軍另曾擬具「國防組織法稿案」，建議：

軍令權受軍政權節制

一、國防部部長爲文職，但得以軍人充任之。（稿案第十二條）

二、國防部部長爲主管國防之首長，承總統之令綜理軍令事宜，並承行政院院長之命綜理軍政事宜。（稿案第十一條）

三、國防部設參謀本部及參謀總長，參謀總長爲國防部部長之幕僚長，有關軍令事宜，國防部部長責成參謀總長行之。（稿案第廿四條）

四、參謀總長對軍令事宜，依據總統之決策及部長之領導，以命令行之。（稿案第十五條）

五、參謀總長及各重要軍職人員之任免，由國防部部長呈請總統核定之。（稿案第十六條）

這種架構較諸「國防部參謀本部組織法」第九條的規定，確實邁進一大步。依此原則再稍予修正，使軍令權受軍政權節制，統一納入行政院職權，接受國會監督，才合乎我國憲法設計的原意。

最後筆者仍要强調，唯有真正代表民意的國會才能充份發揮制衡的憲政機能。並且，即使多數黨的國會議員也不能對行政機關一味護航到底。猶記一九七四年，美國參衆兩院決議通過「戰爭權力法案」，對總統的作戰權力加以限制，使國家免除因個人差失而整體投入戰爭狀態的危險。這種國家至上的原則，不但可供作我國研擬「國防組織法」的參考，也是我國國會議員發揮制衡職能的絕好借鏡。期我國人，三致意焉！

——《台灣時報》一九八八年十一月廿二日

老而不休謂之賊

——談國會改選的法理基礎

國會全面改選是推動台灣民主化的關鍵，作爲當年推動國會全面改選的靈魂人物，朱高正以本文就法、理、情三方面析論何以國會全面改選勢在必行。日後台灣政治發展，能鋪陳出一條較寬廣的道路，民意抒發的管道得以暢通，進而釋放出民間積蘊長達四十年之久的社會力，都與朱高正當年的努力密不可分。

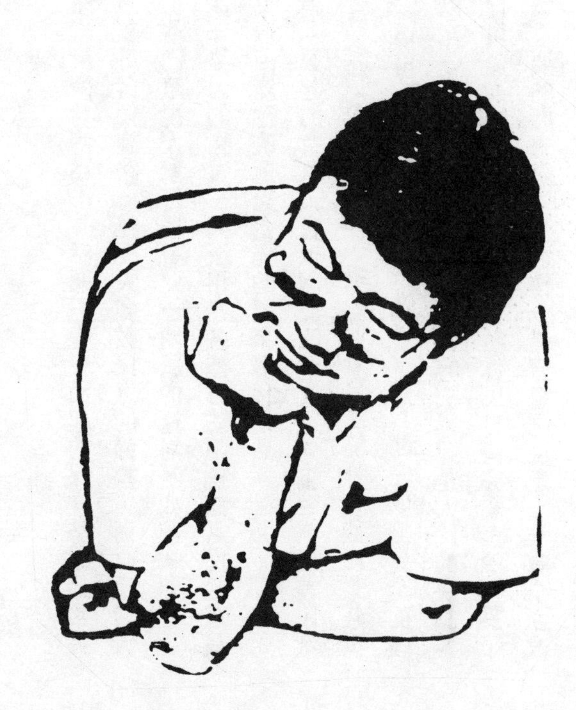

國會全面改選的問題已然流行衢巷傳爲市井話題，應聲而起的保守勢力最常持的弔詭論調就是以全面改選乃在爲台獨舖路，無視大多數民意的歸趨，而以反對人士倡言改選就是台獨的前奏，他們敵視大衆傳播對此一問題的探討，如前一陣子中視和中國時報的報導皆遭到保守勢力的指責，甚至用盡各種方法阻撓該黨從政黨員發表支持改選之論，諸般現象皆因錯置改選與台獨的因果關係使然。

回顧六、七年前「自決論」興起的背景，實肇因於國會改選無望，不代表民意而徒具虛名的國會極可能通過不利全體住民的決議，披著合法的外衣徒以蒙蔽世人，始有「自決論」的提出，用以質疑國會之正當性，今日若能完成國會全面改選，由於定期改選，民意得以充分反映於國會之中。國會的決議即是人民的決議，就此而言，國會全面改選不僅可以一掃台獨的疑慮，甚至住民自決亦屬多餘，爲了真正落實民主憲政，已然面臨重要的歷史階段，需作一具智慧之決定，唯有全面改選始可能落實民主政治之建設。

談國會全面改選必然涉及臨時條款第六項之修改，依國民黨日前公佈的充實中央民意代表四原則謂「憲法不變、臨時條款不變、充實大陸代表、增加增額代表」，僅就「憲法不變、臨時條款不變」觀之即爲自欺欺人的說法，因臨時條款本身即多有與憲法根本精神牴觸者，由此亦可見國民黨在台四十年一貫民主其名，獨裁其實的面目。

立憲主義的基本原理

爲了進一步說明，於此容筆者先行對近代民主政治的理論稍作闡述：一七七六年美國獨立宣言首先揭櫫、自由、生命、財產乃由上天所賦予、不可剝奪、不可讓渡之基本人權，是項基本人權爲國家公權力所不得侵犯。此權如遭國家公權力不法侵害，則人民有權起而抵抗政府，甚而廢除原政府而重組之，以便新政府能確保此項自然權利，此一思潮也正是洛克政府論的具體化，到了一七八九年法國大革命宣佈「人及公民的權利宣言」，其中亦確認了種種基本人權，後法國雖經一再修憲，這一部分卻始終被視爲不得更改的部分。

然而如何確保國家公權力不會侵犯人民自由權，確爲一始終困擾政治思想家的問題。人對權力的追求正如人對金錢的追求，一無止境，有權者渴求更大的權力，更糟糕的是，人之有權乃指人可貫徹自己的意志，甚至對違反其意志者皆可强其接受，方爲權力。因此掌握權力者易於濫用，而有「權力使人腐化，愈大的權力使人愈趨腐化，絕對的權力將導致絕對的腐化」之說。一七四八年孟德斯鳩在《法律精神》一書即提出權力分立而相互制衡之說，意在以權力克制權力，以避免權力的腐化。依孟氏所言，國家公權力可分爲三，即制定法律的權力（立法權）、執行法律的權力（行政權）與裁決法律的權力（司法權）。這三種權力中的任何兩種權力或三種權力若同時集中於一人或一羣人之手，則人民之自由權力即無所保障。由一人或一羣人同時擁有制定法律與執法之權則可爲所欲爲，行政權與司法權結合，即使胡作非爲也可經由自己的裁判加以合法化，所以孟氏以人民之自由權僅在三權分立且相互制衡的情況下才有保障可言。

綜合洛克與孟德斯鳩的學說觀之，近代自由民主立憲主義的根本思想，乃以國家存在的目的就是要保障人的自然權利，亦即前國家狀態（自然狀態）下就已擁有的人之所以爲人的基本權利，否則要國家何用？被統治者在經歷長期君主專制的壓制後，所激發的要求建立一合理的政治秩序的決心，使得自一七七六年以降，世界各文明國家均先後出現憲法法典，第一部分即列舉人權清單，第二部分則規定國家權力的結構，並明定權力分立且相互制衡的原則，這也難怪有人以憲法爲統治者與被統治者所簽的契約書。

戒嚴令與臨時條款壓抑民主運動

回顧過去四十年來國民黨在台灣民主其名，獨裁其實的統治，其所憑著以壓抑民主運動的兩樣法寶就是戒嚴令與臨時條款。隨著戒嚴令之宣佈，依戒嚴法第八條與十一條，我國憲法第二章中所保障的各項基本人權無一倖免，皆慘遭封殺。之後藉著臨時條款又再度嚴重破壞憲法所預定的權力結構，如臨時條款第五項「總統爲適應動員戡亂需要，得調整中央政府之行政機構、人事機構及其組織」嚴重破壞五權憲法的基本精神，我國憲法第五至第九章對五院所作之規定形同具文。行政院人事行政局的成立即據此而來，其職權與銓敘部全然重疊，徹底架空銓敘部，亦破壞考試院之爲全國最高人事考銓機關的憲政體制。又如臨時條款第四項授權總統得設置動員戡亂機構，國安會得以成立，所有國家重要政策，諸如中央政府總預算案、重要人事任用案（包括各院正副院長人選、大法官、考試委員、各部會首長、重要軍職的任命等）以及重要法案等均事先取決於國安會，行政院因而淪爲國安會的二級行政單位。再者，由無實際決策權的行政院表面上虛應故事的向立法院負責，而實際執掌決策的國安會卻規避任何民意機關的監督、制衡，即無需向立法院、監察院、國民大會負責，其組成更是違反民主原則的違章建築。

臨時條款之不合時宜可由第三項窺之，「動員戡亂時期，總統、副總統得連選連任，不受憲法第四十七條連任一次之限制」。按臨時條款本爲四項，三十七年制定，施行至三十九年底，流亡期間有多人主張修改，當時的蔣介石一再聲言將把憲法與臨時條款一併攜回大陸因而作罷未予修改，民國四十三年第二任總統選舉時，亦有多人倡議修改，再度遭到否定。一直到四十九年蔣介石總統第二任任期居滿時，蔣氏才授意內政部向行政院申請大法官會議解釋，並發動國民大會修改臨時條款增列第三項，使蔣氏得以規避憲法四十七條之規定而順利留任。兩年前蔣經國總統曾公開聲明他及其家人「不能也不會」出任總統一職，如果他確有此誠意的話，應在有生之年召開國民大會臨時會，廢除臨時條款第三項以恢復憲法第四十七條的效力，以顯現他對中華民國憲法最起碼的尊重。國民黨何所畏懼而必須將其非常體制的統治基礎建立於違憲的臨時條款上？今天談國會全面改選就須廢除臨時條款第六項，可望藉此踏出摒除非常體制回歸民主憲政的第一步。

老國會的「法源」

國會全面改選無論就情、理、法任一面向觀之，皆屬勢在必行。在「法」的方面，此處特就實證法言之，即由國民黨統治秩序下的法律著眼，第一屆的立法委員至四十年五月時任期已屆滿，當初卻由行政院報請總統核定，由立法院自行決定延長任期一年，之後在四十一年、四十二年又如法炮製的各延了一次，四十三年始協調大法官會議做出三十一號解釋以「……惟值國家發生重大變故……第二屆委員未能依法選出集會與召集以前，自應仍由第一屆立法委員、監察委員繼續行使其職權」，並於民國五十八年增訂臨時條款第六項，再度確認第一屆中央民意代表行使職權的合法性並訂定增補選條文。此時此地對老委員之合法性解釋均溯自臨時條款第六項與大法官會議的三十一號解釋，實在都是難以立足的說詞：

㈠四十年至四十二年先後三次由立委自行決定延長任期，於法理上均屬違憲，其決議自屬無效；

㈡大法官會議固然擁有憲法的解釋權，卻不得超越憲法，做出違背憲法之所以爲憲法的根本原則之解釋，立法權與司法權同爲五權之一，其功能本相制衡，豈可任令司法權擅自賦予立法機構得不定期改選之解釋；

㈢臨時條款係國民大會所修訂，國大代表無權決定延長自己的代表任期為無限期。

國會全面改選的理據

所謂「理」乃指由國家法學理論觀之。我國國會主要職權幾乎皆集中於立法院，憲法第六十三條規定立法院有議決法律案、預算案、戒嚴案、大赦案、宣戰案、媾和案、條約案及國家其他重要事項之權。前七項職權中，可概分為兩大基本職權，即議決法律案與預算案之權。因條約之簽訂均需經國會批准，其效力至少等同於一般國內法，故條約案同等於法律案；戒嚴案乃是將國家之法律狀態全面或局部地由平時體制轉入戰時體制，反之亦然，故戒嚴案亦等同於法律案；大赦案乃針對判決確定之法律案件做一概括性的赦免，故亦等同法律案。至於宣戰媾和因涉及大量人力、物力之動員，勢必得增加稅賦，所以基本上仍屬預算案。議決法律案、預算案是任何民主國家國會之主要職權，在此即就此二職權闡論國會何以需行全面改選。

在此筆者預做說明何以議決法律案爲近代民主國家國會之主要職權。自古以來無分東西，沒有統治者不要求人民守法，羅馬的尼祿王、中國的秦始皇、唐太宗，甚或現代歐美國家無論民主或獨裁，均要求人民遵守法律。因此民主與獨裁的分野根本不在是否施行法治主義，其分野毋寧存於法律本身：人民應遵守的法律若僅爲統治階級的片面意志——則稱之爲獨裁國家；反之，法律若是統治者與被統治者之共同意志，亦即盧梭所說的「國民總意志」——則稱爲民主國家。代議民主政治的設計即在解決法律哲學上的兩難問題：一方面，人均有尊嚴，要求受到尊重，此種尊嚴要求人只服從自己所訂的行爲律則，設若有人無視於此尊嚴，全然服從他人的意志，則稱爲奴隸。做爲一個有尊嚴的人，在近代法學思想上稱爲「權利主體」。但另一方面，人一出生就必然地出生於社會（家庭）之中，必須遵守社會固有之風俗、習慣、倫理規範及法律，就此而言，人無可避免地須服從外來的、他人之意志，誠如亞里士多德所言「人是組成國家的動物」，他需要經營羣體生活。

由此可知人一方面要求自主、自律，另一方面又不得不服從既與的社會規範，處於兩難的夾縫中，僅代議民主政治之設計差可解之。因爲如就吾人有服從法律的義務而言，人民因爲單純之被統治者。但法律若係由定期改選之民意代表，在吾人授權下，於國會經多數決而代爲制定，則服從該法律即服從自己的意志，此兩難困境也將迎刃而解。這就是代議制之精義所在，人民既以服從法律爲其義務，又不影響其做爲一完整權利主體之地位。因此有人以法治爲民主的基礎，此說顯欠周延，但若能落實代議民主制必可確保法治之穩定。

而今長達四十年未改選之國會何權何能得以制定法律？又焉能要求此時此地二千萬人民信守不渝？國會若不完成改選，則我國民主政治仍有重大瑕疵，法律尊嚴與威信也必須面對嚴重的質疑，終將導致法律秩序全面瓦解。

其次就議決預算之職權而言，檢視近代代議制之發生史，人民推派代表在於議決稅款之徵收與使用分配。以此爲例，中華民國相當於一中華民國股份有限公司，兩千萬同胞依法有納稅義務者皆爲國家之主人，也就是公司的股東，立法院可比之爲股東代表大會，而行政院長爲總經理，去年底的立委選舉形同召開股東大會推選股東代表，然而不合理處在於三百二十二個席次中，國民黨政府僅開放五十三席予台灣地區選民直接投票選出，亦即只開放改選百分之十七的席次，現有每年七千多億的股金百分之百統由台區股東繳納，卻只握有百分之十七的股權，其餘百分之八十三則由長年不改選的老委員插乾股。

再以僑選立委爲例，民國三十七年依法產生的七百六十名立委中僑選僅佔十九名，爲百分之二點五，去年台灣區選出僅有的五十三名立委中，僑選即高達二十七名，顯然偏高，若僑選委員每年得於僑居地募得相當比例的三千五百億用以建設台灣，或招募傭兵幫助捍衛台海安全，對於僑選立委行使職權，將無人置喙，否則國會長年不改選，台灣人繳百分之十七的稅款亦足矣！

粉飾民主假象的工具

法理之後，再就中國人習於談論的「情」面著眼，人情義理個人亦甚講求，然而面對老化而不合理的國會結構，沈痾重疾令人擲筆三嘆，莫之奈何！最讓人痛心疾首的莫過於國民黨要求老委員「多出席、少發言、勤舉手」。藉由老委員的發言可使我們汲取前輩的經驗，然而國民黨頻頻指示老委員少發言，實亦用心良苦，八十會期的總質詢中，沈寂已久的老委員們爭相發言聳起捍衛「法統」，致有以「國會千年、總統百歲乃民主之佳兆」爲題向行政院提出總質詢者，出足了國民黨的洋相，更有以我國國會不過四十年，「離萬年還很遠嘛！」甚而主張「法官可享終身職，國會議員爲什麼不行？」各種絕頂謬論紛紛出籠。

國會本應爲説理論政之處，各種意見應經充分表達、相互辯論，從而互相妥協讓步以達成協議，反觀老委員們大抵不發一言枯坐終場，以待表決。固然依實證法老委員確有表決權，但其代表性、正當性即使在國民黨内部也遭到嚴重的質疑，有權力而不行使就老委員而言表示某種風度，雖經一再力勸其多發言而勿參與表決，但終不爲所動，現在老委員的平均年齡已逾八十二高齡，主動探討民隱實無可能，現在即使不對其代表性質疑，至少求其勿阻撓民意的傳達，老委員一味聽命黨部的授意，對於理由充足而能反映民情的意見經常隨著黨意而羣起反對，斯可忍孰不可忍？例如在諄諄善誘曉以二加三等於五之理後，一經表決二加三就等於四，無非因於黨意的指示罷了，就此而論，老委員們均已喪失了做爲一民意代表的「格」，僅僅是國民黨用以控制立法院的純粹表決道具而已！易言之，國民黨假冒民意以行貫徹黨意之實，老委員們均已居風燭殘年，垂垂老矣，無以反映民意反而扼殺之不遺餘力，如此未經改選者何得稱爲中央「民意」代表？

綜上所述，國會全面改選是一條非走不可的路，大江東流擋不住，因事涉修改、廢除臨時條款的問題，正是國民黨應以最大之魄力與決心向國人做明確交代的時候了。

——《文星》一九八七年十二月

街頭是人民的

——「五一九」的省思

一九八六年五月十九日，部份黨外人士爲抗議政府長期戒嚴，而發動了「五一九綠色行動」。此舉打破政治禁忌，値得喝采，卻也暴露出不少黨外內部矛盾問題。朱高正認爲集會自由固然是人民的基本權利，然而民主運動的方向應在黨外內部多方協商定案，而不宜任由激進派系片面決定。激進主張者，往往容易得到羣衆的掌聲，進而取得運動的主導地位。台灣政局若想長久安定，今後朝野政治人物，皆應努力避免讓激進勢力抬頭。

爲了抗議政府長期實施戒嚴，由自由時代系列負責人鄭南榕先生發起的「五一九綠色行動」，除了廣獲黨外雜誌的聲援外，並得到「編聯會」及「臺權會」的大力支持。而國民黨當局也一直密切地注視著整個事件的發展，尤其是到五一九的前夕，更發動全面，相互重疊的勸阻行動，幾位較重要的黨外人士則稍早已被列入廿四小時全天候的跟蹤名單內。根據主辦「五一九」單位的計畫，預定五月十九日當天上午九時卅分，示威行列將由臺北龍山寺出發，目的地是總統府。但是，警方早已在龍山寺附近祕密佈署，廟宇四周的商戶全被情治單位「勸告」歇業。當參與「五一九綠色行動」的人士在龍山寺內聚集完畢，擬上街遊行時，警方突然以重重人牆堵住大門，且在通往龍山寺的各個大街小巷密佈五道防線，禁止一切車輛通行，並嚴禁閒人進出。至於由臺北縣進入萬華地區的兩座主要橋樑，華江橋與光復橋，更是三步一崗，五步一哨，戒備之森嚴，前所未有。

「五一九綠色行動」的檢討

抗議戒嚴的黨外人士，一直被圍困在龍山寺內，也有一些來得較晚的，進不了寺廟大門，只得在廟前的廣州街上以靜坐、演講來表達對戒嚴的不滿，雖然警方鎮暴部隊調動頻頻，卻也無損於羣衆熱切一睹黨外人士風采的熱情。這次長過十二小時的抗議活動在晚上九點卅分結束，並未發生難以收拾的後果。黨外人士達到了讓民衆了解解嚴對目前臺灣的重要性，而情治單位也因未發生大規模的暴動，著著實實地鬆了一口氣。

本文擬就此次「五一九綠色行動」做一簡要的檢討。首先，筆者要强調「五一九綠色行動」，在基本上，乃是我國憲法第十四條所保障的「集會自由」，此「集會自由」乃是一切自由民主國家所確認的基本人權之一，它可以補充「意見表達自由」、「資訊自由」、「信仰自由」及「結社自由」等基本權利之不足，蓋上述這些自由權常常要經由「集會自由」才能獲得充分的實現。就其本質來看，「集會自由」乃是一種「溝通的基本權利」，意指在公開的集會裏，每個人可以和其他人進行意見溝通、立場的表白，和資訊的交流。在一個自由民主的社會裏，「人」絕不是個別、孤立的個人，而是與整個社會息息相關的，如果否定了人有與他人自由溝通的權利，無異也否定了人有自我發展、自我改進的權利。而「集會自由」則是指公開的與他人溝通的權利，這在一個工業化的現代社會毋寧是極具建構意義的基本權利。

街頭是屬於人民的

「集會自由」又可分爲室內的與戶外的集會自由，原則上後者可經由「法律」（而非一般的「行政命令」，更非恣意的「行政處分」）來予以限制，因爲戶外的集會可能影響到同樣在憲法上也受到保障的其他人的基本權利。譬如說，「集會自由」固然是基本人權，但是如果有一羣人想在工作日的白天，利用某國民小學的操場舉行羣衆大會，則該小學的上課條件必然受到嚴重的影響，如此，同樣在憲法中所保障的「人民有受國民教育之權利」（第廿一條）則得不到應有的保障，這就涉及基本權利衝突的問題，除非主辦羣衆大會的單位能舉證說明，不得不在該國民小學舉行的具有說服力的理由，否則，行政官署自得依照「法律」規定不予批准。

而戶外的集會活動又可分爲兩種：一是單純的、靜態的戶外集會，二爲動態的示威活動。「示威」乃是一種特殊密集的社會或政治性的意思通告，其徹底的公開性，在民主社會中應予極高之評價。因爲經由「示威」，在大衆傳播工具未受到足夠重視的團體，也可用最直接的遊行方式引人注意。當然，「示威」也是一種負擔較高風險的政治活動，因爲它可能變質而導發其他意外事件，或是流於喊口號，而棄卻了理性論辯的機會；或是因情緒不斷地被鼓動而引發大規模的暴動。在極權國家，「示威」只不過是統治者所導演的羣衆運動罷了，希特勒的第三帝國有一首歌：「街道爲褐衫軍而設」（按褐衫軍爲納粹青年組織），即是最好的例證。相反地，在自由民主國家，「示威」乃是絕佳的政治安全瓣，讓羣衆以劇烈的軀體運動，來發抒壓抑在心中的不滿，一則可反應出忽視的社會利益，二則可舒緩政治的緊張，因此R. Thoma認爲：「街頭是屬於人民的。」

合法但不合民主程序

由上可知，「五一九綠色行動」基本上是一種合於憲法規定的示威活動。但是，卻有幾點值得我們檢討警惕。

㈠「五一九綠色行動」的籌備不合民主程序。鄭南榕先生提出抗議戒嚴卅七年的構想，憑心而論，題目出得很好。但是，他在採取步驟之前，並未與其他黨外的主、次要團體協調，大有「捨我其誰」、「千山我獨行」的氣慨。到後來，誰要不支持，就好比不是真有種，真黨外似的。這種一意孤行的作風，給未來黨外的健全發展開了惡例。今後，是否任何一位黨外人士提出一個構想，即自行著手實施，然後所有的黨外團體均有予以支持的義務？如此一來，則黨外團體勢將疲於奔命，而無法有真正的協調，也不可能依序完成有階段性的重點工作。

㈡鄭南榕先生不該在籌備「五一九綠色行動」期間貿然加入「臺灣民主黨建黨委員會」。設若真要搞好「五一九」的示威遊行，則應全力以赴，不應橫生枝節。而鄭南榕先生卻偏偏在五月初就加入於五月一日在美國成立的「臺灣民主黨建黨委員會」，而且是第一位（到目前為止，臺灣島上加入的才不過三位而已）。勇氣固然可嘉，但是一個公共政治人物是否該考慮細密一點，免得原本單純的為反對戒嚴而舉行的示威活動變得複雜化了。難道不能等「五一九」過後，再辦入黨手續嗎？

㈢「五一九」抗議活動也暴露出深值反省的黨外內部矛盾問題。五月三日鄭南榕先生創辦的自由時代週刊成員江蓋世先生，在黨外公政會樓下，利用公政會第二、三屆理事會交接典禮，靜坐抗議，呼籲公政會做成決議案，支持「五一九綠色行動」。所求不遂後，指責有加。而事實上，自四月份以來，真正支持「五一九」者，乃以編聯會為主幹，臺權會公開支持「五一九」則較遲。另一方面臺北市的兩個公政會分會，首都分會不予支持，其理事長康寧祥先生及祕書長林正杰市議員當天也是蜻蜓點水式地去龍山寺一趟而已。相反地，以陳水扁律師爲理事長的北市分會則公開支持「五一九」。這顯現出公政會總會與編聯會之間的矛盾，也顯現出臺北市兩個公政分會的體質上有絕大的差異。更耐人尋味者，被圍困在龍山寺的十二小時中，真正握有領導權，實際負責與情治單位溝通的，從事接力演講的，並不是鄭南榕先生，也不是編聯會系統的人士，而是黨外的公職人員，這就暴露出極爲嚴重的問題；籌組「五一九」和主持「五一九」的是兩組立場頗有差距的人士，這不禁令人揑把冷汗。假使五一九當天真有遊行，指揮系統可能有效運作嗎？突發事件可真能有效處理嗎？

汲取教訓往前邁進

至於警方爲了維持社會治安而「勸告」龍山寺附近的商戶歇業，是否侵害了其營業自由權，這些業主可否依法請求國家賠償，以及警方過分縝密的安全措施，嚴重影響交通秩序，是否亦應由其上級主管官署予以行政處分……等問題，均非本文所能詳論。總之，「五一九」是首次由黨外非公職人員所發起的難得一見的羣衆運動。固然各種籌備工作仍嫌粗糙，但畢竟是在沒有得到公政會的支持、承諾下，勇敢地踏出了第一步，因此，吾人也不必對之要求太苛。然而，若能從中汲取教訓，懲前毖後，則善莫大焉。

「暴力」與「非暴力」之間

——「自力救濟」所暴露出的信心危機

在台灣解嚴前後，積壓了四十年的社會問題如決堤般湧現，自力救濟事件紛起，引發各界討論。其實「自力救濟」只是「私人暴力」最溫和的使用而已，政府若不正視問題的嚴重性，只知一味鎮壓，投訴無門的百姓，則將會演變成人民直接挑戰國家公權力的狀況，甚至爆發動亂，釀成歷史悲劇。

被三重汽車客運公司變相裁撤的二十二名隨車服務小姐，在「尤清臺北縣服務處」、「勞工法律支援會」及「黨外公政會臺北縣分會」等組織的聲援下，鍥而不捨地與資方週旋，終於在七月廿六日如願取得資遣費。這種以「自力救濟」方式來保障自己權益的作爲，已成爲在經濟上、社會上、政治上被壓抑已久的羣衆，在有冤無處訴時，樹立了一個嶄新的榜樣。

所謂「自力救濟」，就是在國家公權力無法適時保護人民的合法權益時，人民得採用「私人暴力」，自行保護其自身或他人的權益。譬如，臺中縣大里鄉的三晃農藥廠假使在七月卅一日以前不自行停工的話，大里鄉民即將「强制」其停工，這就是「私人暴力」的使用。

「暴力」本身沒有好壞，端視運用得當與否

一提到「暴力」就讓人覺得怕怕，「暴力」給人的聯想就是「不講理」、「禽獸行徑」等負面意義，這種對「暴力」先入爲主的成見，妨害了人們對「暴力」的正確了解。「暴力」毋寧是中性的，「暴力」本身談不上好或壞。精確地講，「暴力」之好壞，其實是指「暴力」的運用得當與否。一般人想到「暴力」就是指「暴

力」的不當運用而言。

譬如說，在家庭中，夫妻或親子間溝通有困難時，丈夫或父親就藉著其體力上的絕對優勢，不問是非，以物理力量（即「暴力」）加諸妻子或子女身上，以期貫徹自身的意志，這種家庭中的暴力最受詬病，極不值取。但是，當遇到暴徒劫機時，運用智慧，並使用適度的「暴力」來制服暴徒，使之接受法律的制裁，這種「暴力」的使用毋寧是值得鼓舞的。大多數的社會都將「勇敢」列爲重要的美德，其理由在於，一個缺乏勇敢的社會很難生存。北美的印地安族、北極的愛斯基摩人均有以割得敵人耳朵最多者出任酋長的習俗，就是善用「暴力」者得到族羣最高尊崇的例子。

但是，也有些民族是特別提倡「非暴力」的，這大多發生在沒有外患或是根本無法抵拒外患的地方。最引人注目的，是印度聖雄甘地，他以非暴力的不合作運動，使得印度和巴基斯坦得以自大英帝國的殖民統治下，解放出來。但這絕不意味著任何民族均可以「非暴力」方式，自外來帝國主義的鐵蹄下掙脫出來。畢竟，像大英帝國如此懂得政治藝術的國家並不多見。

在這裏，我們應該知道，主張以「非暴力」的方式來進行政治鬥爭，也有其不得不然的理由。因爲，任何政治鬥爭必然只有在某種法律秩序之下，才能進行。所謂「政治鬥爭」，指的本來就是與政治權力分配有關的鬥爭，它必然是在對某種現有的權力分配法則不滿時才能發生。而任何形式的法律秩序，卻又非有國家做後盾不可，蓋唯有國家公權力才能以强制的手段，來貫徹法律的規定。然而國家公權力的由來，則是大家相約放棄使用「私人暴力」，而一起建立「公共暴力」來做爲解決爭端的手段。因此，要進行政治鬥爭，只能在不使用「私人暴力」的前提下來進行，易言之，對國家所擁有的——用來主持公共正義的——「公共暴力」應予尊重。

「國家公權力」來自人民相約放棄使用「私人暴力」

但是，當「公共暴力」被私有化（「黨化」或「家族化」）時，則所謂的「公共正義」就很難維繫。原先有關大家交互放棄使用「私人暴力」的約定，也很難要求被統治者繼續遵守。在這種狀況下，整個國家憲政生活秩序就亮起紅燈了。這種危機的第一階段便是「自力救濟」的現象，其中也不乏有些特例受到廣泛的嘉許。

像賴順昌那一撞，撞破那麼多重大刑案。如果他也先去報警，則這二十幾件大案的偵破，可能遙遙無期了。但是尤其值得注意的是，鹿港反杜邦事件、新港反臺化事件、計程車司機請願事件……等等，早讓人們對國家公權力喪失了信心。「公權力是不可能主持公道的，要保障自己的權益，只有靠自己的雙手」，這種想法已經成爲不少民衆的共識。

「自力救濟」只是「私人暴力」最溫和的使用而已，如果政府還不正視問題的嚴重性，不思主持公道，而只知一味地鎮壓有寃無處訴的百姓，則將會演變成抵抗國家公權力的狀況（即主張「人民有抵抗權」），進而積極地、有組織地抵抗，甚至爆發革命，終而演成內戰，這就成爲歷史的悲劇了。

明乎此，國民黨可不戒慎恐懼乎？「公共暴力」的私有化必然導致人民對「公共正義」的絕望，對「公共暴力」的敵視。人民亦將捨棄「非暴力」鬥爭方式，而改採私力救濟，進而相與結合以各個人、各個團體所擁有的「私人暴力」，合組新的「公共暴力」，來取代原有的「國家公權力」，爲政者可不戒慎恐懼乎？

——一九八六年

內閣制民主政體

籌組「大聯合內閣」以化解政治危機

——寫在「退職條例」强行通過之後

一九八九年初，國民黨强行通過違逆民意的「資深民代退職條例」，任由老法統在國會殿堂中徘徊不去，而增額立委的席位僅佔百分之十七，使得反對黨根本不可能有透過選舉取得執政的機會，其結果勢將刺激反體制力量的飆漲，而爲台灣政局埋下難以掌握的危機。朱高正當時提出的「大聯合內閣」構想，可說是化危機爲轉機，疏解反體制革命風暴的一項饒富創見的備選方案。

元月二十六日，在立法院院會中，國民黨將退職條例以全案表決的方式强行通過，在短短的十秒鐘之內，宣稱已經完成退職條例的二讀及三讀程序，爲我國立法史寫下最醜陋的一頁。除非國民黨能在短期內透過黨政運作，協調大量的老委員與老代表退職，否則在今年年底的選舉中，它將會爲此蠻橫的行爲，付出慘痛的代價。無論如何，就筆者所知，在可預見的三、五年內，這批歷史所遺留下來的老法統仍將徘徊在國會的殿堂，這對於回歸民主憲政、落實代議民主政治，在在都形成一個難以排除的障礙。

壟斷統治權的反動心態

現代代議民主政治的根本精神，乃在於哪個政黨（或政黨的聯合）在定期的國會改選中能拿到過半數的選票，就由此一政黨（或此一政黨聯合）負責組織政府，行使統治權。易言之，統治者的權力是來自於被統治者的授權，這才是民主政治的真諦。而今，在全國上下一致呼籲國會應行全面改選之際，國民黨竟僅僅提出一個純自願又不設任何期限的退職方案來敷衍國人對國會改造的殷切期待，這絕不是一個有責任的政黨所應爲的。且國民黨執政當局向既得利益階級做溫情主義式的妥協、讓步，而對於全國納稅人合憲的正當要求全無回應，這已替我國未來之政治發展埋下了一顆難以估算的超級炸彈。

在民國七十五年底的立委選舉中，最有代表性的區域增額立委選舉，民進黨的得票率明明是百分之二十三，但由於國民黨僅開放百分之十七的席位（即五十三席）給台灣地區經由區域選舉所選出之增額立委。因此，民進黨雖拿了百分之二十三的選票，卻在國會席次的佔有率上僅有百分之四。試想：假使由於民心普遍對於國民黨缺乏改革誠意感到不耐，再加上反對黨選舉策略運用成功，而在今年年底的國會改選中獲得過半數的選票，卻也由於國會尚未全面改選，使得席次占有率仍然只有百分之十左右，這無異是給願意從事和平改革的反對黨人士一個當頭棒喝，因爲無論如何，民進黨縱然得到過半數選民的支持，卻仍然只是反對黨。此即相對地凸顯出國民黨仍要壟斷統治權的反動心態，這將嚴重刺激在反對陣容中反體制心態的大幅上漲。此一潛在的政治危機，應是當今國內任何關心政局發展者所不可掉以輕心的。事實上，筆者也知道，國會全面改選談何容易，在民國六十一年，國民大會第四次修改臨時條款時，增列了第六項，來確保這些老委員與老代表終身國會議員的特權。如今，要國會全面改選，勢必要修訂臨時條款，而臨時條款的修改權卻又掌握在這些與時代脫節最嚴重的老代表手中。他們只是凡人，不是聖賢，他們也有七情六慾。雖者，其所標榜的是爲了延續法統、爲了維護國家民族的命脈，但骨子裡頭，卻只知斤斤計較於維護自己的私利，而置國家前途於不顧，這是今天國會改革根本的癥結所在。因此筆者不揣譾陋，大膽提出「大聯合內閣」的構想，以供有志之士參考，希望能藉此拋磚引玉，大家共同來思索，如何在既有的條件之下，爲國家未來的政治發展找出一條更坦蕩的出路。

籌組「大聯合內閣」疏導反體制危機

通常「大聯合內閣」的組成，皆是由於對外戰爭舉國上下一致對外的一種權宜措施。亦即，在對外作戰時，內閣中包容各重要黨派的成員，以期能集中意志，一致對外。各政黨儘可能地將黨派間的歧見降至最低，以維護國家的生存爲第一要務。因此，一般來說，大家一聽到聯合內閣就會想到是「戰時內閣」。也許有人會以爲，現在又沒有對外作戰，何必籌組聯合內閣？然而，就筆者所知，在二次大戰後，有兩個國家實施過非戰時的「大聯合內閣」，且都相當成功。第一個是西德，自一九六六年到一九六九年，當時，基督民主黨的總理季辛吉邀請戰後一直是第一大反對黨的社會民主黨共同籌組「大聯合內閣」。由於社民黨長期扮演反對黨的角色且又强調社會主義，因此其執政能力與國家認同輒遭質疑。但經過此三年的歷練，不但執政能力受到肯定，連國家認同的危機亦獲致解決。因此於一九六九年，由社民黨的黨魁布朗德出任閣揆，而開啓了社民黨執政十三年的局面。另一例爲以色列，在一九八四年，夏米爾的自由黨與裴瑞斯的工黨也由於均未達到過半數的選票，而又不願接受諸小黨獅子大開口的條件，因此這兩個政壇的宿敵也籌組了「大聯合內閣」，約定前兩年由夏米爾當總理，裴瑞斯當外交部長；而後兩年則由裴瑞斯當總理，夏米爾當外交部長。至一九八八年，國會再行改選，經過激烈的選戰之後，兩黨再行合作。

筆者之所以要提出「大聯合內閣」的構想，乃是希望在國會尚未全面定期改選的情況之下，建議由國民黨邀請民進黨，以黨對黨的關係，來籌組「大聯合內閣」共同主導我國進入健全的代議民主政治，並共同來解決在這發展當中所可能面臨的一些危機。假使「大聯合內閣」能夠籌組完成，那麼筆者相信上述之由於民進黨在未來的選舉當中可能拿到過半數的選票卻又無法成爲國會中的多數而導致的反體制之革命風暴，應可予以有效疏通。

退一步來講，假定民進黨獲得過半數的選票，而國民黨卻願意在國會中仍保有多數的情況之下，放棄執政而委由民進黨籌組新政府，那麼這嶄新的局面也將充滿著很多足以導致整個政局混亂的變數。因爲，不可否認的，由於國民黨在台灣長期執政，很多重要的國家機關時常出現嚴重的黨政一家的現象。例如衆所週知的軍隊、情治單位、財政金融行政部門等，都有高度黨化的現象。又蔣經國先生生前所一再强調，在台灣不可能實施軍事統治，以及全國上下嚴重關切外匯存底的保管、使用狀況，都在在的反應出軍、情、財金單位高度黨化的現象。設若有朝一日民進黨突然執政，勢必要將軍隊國家化、行政中立化列爲首要施政重點，然而在沒有充分的時間來事前予以疏導改進的情況下，很可能會導致這些高度黨化的國家機關藉口維護國家安全而行軍事政變。因此假使國民黨與民進黨能籌組「大聯合內閣」將可使此可能的衝突降至最低程度，一方面給國民黨充裕的時間來逐步退出這些國家機關，另方面，也讓民進黨有足夠的時間來學習如何管理這些原本對之毫無瞭解又披上一層神秘面紗的部門。

溝通協議漸進改革

民進黨自組黨以來，一直扮演著反對黨的角色，對於實質上的執政沒有任何經驗。然而一個真正民主的國家，不僅需要一個具有制衡力量的反對黨，而且此反對黨必須熟稔整個政府部門行政運作的管道與方式，才可能更深入地切中問題的核心，真正發揮作爲一個反對黨的制衡力量。另外，使民進黨學習執政的能力，亦可在國民黨無法把持政權時，順利地接掌政權而不致有危機產生。

筆者時時以一位和平改革者自許，希望台灣能夠一步步持續、穩健、動態、發展地邁入一個開放的多元社會。然而，任何的政治變革最忌諱跳躍式的模式，因此，才提出「大聯合內閣」的構想。在立法院第八十二會期，筆者擔任民進黨黨團幹事長期間的一個基本原則就是：希望在立法院裡面，對於任何重要的法案、政策，能夠儘量透過溝通、協商的方式，來達成兩黨的協議。而事實上也證明，八十二會期的立法院，兩黨的互動（除了備受爭議的退職條例以外）展現了前所未有的活力，除了退職條例採用全案表決的方式通過外，其他的法案，幾乎皆是經由溝通而達成協議，因此，在立法部門既然可以經由磋商達成協議，我們沒有理由反對，假使兩黨組成「大聯合内閣」，在行政部門中，亦可經由磋商、溝通而達成協議。所以，在第八十三會期，筆者就很冒昧地提出「大聯合内閣」的構想，希望每位關心國事的朋友，審慎地參考，共同來促成此一理想的實現。

——《台灣時報》一九八九年二月十四日

我只擁護兩點：憲法與安定

——內閣制是憲政改革的惟一出路

一九九〇年春，台灣爆發憲政危機，隨即召開國是會議，一時間憲政改革成了全國民衆熱切關心的焦點。然而許多檯面的政治人物，不把眼光放在爲國家立下久遠的憲政閎基，卻只斤斤計較一黨一派或一己之私，甚至自毀立場，苟合現實，導致憲政改革頓失焦點，政潮洶湧。朱高正基於一貫的立場，從理論與現實諸角度分析比較，認爲內閣制才是憲政改革的惟一出路，期能喚醒各界有識之士，共同創造可大可久的憲政體制。

最近，由於國是會議召開在即，加上箭在弦上的黨政高階人士重新部署，使得原本紛爭不已的台灣政局平添許多難以預估的變數。

首先是制度的變革和人事的重組夾雜在一起，除非領導中心强而有力，並具有堅實的民意基礎，否則很容易演變成權力鬥爭——骨子裏明明是爲了爭奪權利，偏偏又以一大套歪理來掩飾，使得制度的理性設計横遭扭曲，不可能就事論事，依法論法。其次是現有體制的紊亂與領導風格的曖昧所衍生的亂象層出不窮，導致「修憲」的呼聲此起彼落，但是有關「修憲」的重點、方向或幅度卻是衆説紛紜，莫衷一是；甚至有毁棄憲法，另立「基本法」的構想出現，使得憲政體制改革頓失焦點；於是政潮洶湧，無時或已，社會紛亂、不安的現象亦不知將伊於胡底？

擺在眼前的事實是：國民黨内某些一向主張内閣制的政團，在被李登輝總統收編之後，不是直接聲明支持總統制，即拐彎抹角地説「此時不宜刻意凸顯内閣制」。另外一些派系人士，在兩、三年前多主張五權憲法制、總統制或既非總統制亦非内閣制的「混合制」，如今爲了黨内鬥爭，一夕之間全都改口支持内閣制。至於民進黨高階人士則多主張總統制，其主要理由是：若採用内閣制，民進黨要成爲國會中的多數黨，遙遙無期；一旦採用總統制，則總統直選，依過去縣市長選舉的經驗，勝算較大，亦較可能取得執政的地位。至於李登輝自己，則刻意迴避內閣制與總統制的爭執，而採不切實際的「五權憲法制」。

以上種種現象，看在筆者眼中，真是沈痛無比。我們檯面上的政治人物，不把眼光放在爲國家立下可行之久遠的憲政根基，卻只斤斤計較於一黨一派甚或一己之私，怎不令人痛心疾首！

筆者一向主張內閣制。從蔣經國到李登輝，從俞國華到李煥，從戒嚴體制下的威權統治時期到解嚴後的民主改革開放時期，皆一本初衷，主張內閣制才是我們可行之久遠的，足以保障國家安全和社會安定的憲政體制。以下筆者願從憲法學的觀點提出我之所以主張將憲政體制的改革朝內閣制方向努力的五個理由，以供各界關心未來政局發展的人士參考。

憲政設計的基本要素

首先，我國的憲政設計具有㈠信任制㈡副署制㈢責任制等三個內閣制的基本要素。所謂「信任制」，指內閣閣揆之出任乃取決於國會的信任，而非國家元首的信任。我國憲法第五十五條規定：「行政院院長由總統提名，經立法院同意任命之。」

意即在此。今天在立法院的多數黨若是民進黨，則李登輝提名的閣揆人選，恐怕只有黃信介才過得了關。所謂「副署制」，意指政策的決定由具有決定權者負責，而副署者正是做最後決定的人。我國憲法第三十七條規定：「總統依法公布法律、發布命令，須經行政院院長之副署，或行政院長及有關部會首長之副署。」即指出內閣是政策的最後決定者，也是決策的負責者。所謂「責任制」，意指內閣閣揆是向國會負責，而不是向國家元首負責。我國憲法第五十七條：「行政院……對立法院負責」，即是「責任制」的表徵。

至於某些人認爲國會有倒閣的權力、內閣有解散國會的權力，方是名副其實的內閣制，這種看法流於膚淺。其實，國會與內閣的抗爭有許多種模式，倒閣和解散國會只是其中最激烈的形式罷了。很多採行這種激烈抗爭形式的內閣制國家，動輒因而政情不穩。德國威瑪共和於一九二八年到一九三三年，五年之間，內閣改組三十三次，法國第四共和於一九四六年到一九五八年，十三年之間，內閣改組二十六次。因此現行內閣制憲法多傾向適度的限制「倒閣」與「解散國會」，諸如「倒閣後，半年內不得提議倒閣」或「國會改選後，一年內不得解散國會」。

我國憲法第五十七條所規定的「覆議」制度，即是順應世界潮流，採行國會與內閣抗爭較爲溫和的模式。綜上所述，我國憲法已具備內閣制的基本要件，因此，只要回歸憲法，內閣制的面貌即會自動浮現。

小幅修憲，大幅改革

其次，基於現實因素的考量，爲了避免修憲的過程所引起的政爭對社會帶來不安，筆者認爲採用內閣制可經由最小幅度的修改來完成最大幅度的改革，亦可使我們的社會付出最低的成本。因爲，誠如上述，我國憲法基本上是內閣制。如若改採總統制，則享實權的總統焉可迴避直接民選的訴求？如此一來，國民大會的存廢問題必須做一決定，而總統與行政院、立法院的關係也勢將大幅調整。如此，我國憲法的第三、四、五、六章必將大修，甚至重新起草。

從憲法史上來看，修憲的過程務必審慎，首先必須朝野各黨對於修憲的「重點」、「方向」和「幅度」均已達成高度的共識，否則，跨此一步，即有爆發憲政危機，導致國家分裂的危險，我們當前社會的體質恐怕經不起這樣的衝擊。

第三，從制度來看，我們發現實施總統制的國家多經由革命或較激烈的方式取得權力（如美國），實施內閣制的國家則多採取溫和、漸進的方式，將權力逐步釋出（如英國）。目前台灣的體制實質上是「萬機決於一身」的「帝制」，可是台灣既沒有革命的條件，我們也不希望發生革命；我們只希望李登輝像英王一樣，將極致的「王權」一步步交出來，交給「相權」——即獲得民意代表過半數支持的內閣閣揆，如此「將統治權建立在被統治者過半數的授權之上」，即是可大可久的民主政治。

第四，從過去的歷史經驗來看，實施總統制的國家，一旦遇到緊急危難，很容易就演變成獨裁制。除了美國之外，整個中南美洲，由總統制轉爲獨裁制的例子可說是屢見不鮮。反觀採用內閣制的國家，建立健全民主政治體制的成功機率較大，譬如德國和日本都很成功地從戰前軍國主義的專制體制過渡到穩健、民主的內閣制。此外，由於任何一部憲法都不可能規定得鉅細靡遺，採用內閣制則可借助於憲政慣例來彌補規定上的漏洞。譬如，英國這個老牌的內閣制國家便有許多憲政慣例可資援引，這些都是人類寶貴的共同資產。我們若是不高估自身的政治智慧的話，則在選擇時採用成功機率較大的內閣制，應是較爲明智之舉。

最後，就治國人才的培養來看，內閣制所培養出來的人才較爲實在。若是採用總統制，則像雷根這種善於譁衆取寵、懂得應付媒體的表演型政客很容易就攬得實權，可是這並不能代表一個人的治國才能。治國的才能除了羣衆魅力之外，還包括折衝樽俎、談判協調等能耐。反觀一個內閣總理的培養，至少也要二十年的歲月。從能言善辯的國會議員到忍辱負重、力求表現的內閣閣員，至少經歷兩個重要部會的首長之後才可能成爲總理的儲備人選，如此身經百戰的歷練，還必須等待機運才可能登頂成爲內閣總理。總之，一個內閣閣揆在踏上這個位子之前，其處事風格、用人的原則必定已有相當的可預測性。民主政治的可貴之處即在重要政策和重要人事布局的可預測性。惟其可預測，政局才有穩定發展的根基。而不是像目前的「皇恩浩蕩」，一旦「蒙主寵召」，則不管其歷練如何，皆可一夕登天。

以上五點是筆者堅決主張內閣制的幾個基本理由。

事實上，就我國憲法的整體設計來看，總統對內象徵國家統一，對外代表國家，其地位超然，也擁有某些權力（如覆議制中的核可權），可是多屬儀式上或形式上的權力，是被動的權力（需行政院之副署），而非主動的權力。總統所擁有的大赦、特赦或頒授榮典等權力基本上是在加强人和，促進國家、社會的團結和諧；總體而言，其象徵的意義多於實質的權力。

五權憲法制不可行

其次，筆者也想藉此對某些人士所主張的「法國式的總統、內閣混合制」以及所謂的「五權憲法制」一併提出個人的看法：

法國的總統、內閣混合制在一九八六年「左右共治」（Cohabitation）的情況出現時，事實上就已爆發了憲政危機。當時社會黨的密特朗（François Mitterrand）經由直選當選總統，可是在國會中卻是保守聯盟占多數，依法國第五共和憲法之規定，總統雖對總理有任命權，國會並無同意權，但是密特朗爲求政務推行順利，也不得不任命保守聯盟的席哈克（Jacques René Chirac）擔任內閣總理。其後密特朗與席哈克雖然極力自制，在政策推行上依然矛盾百出，爭執頻仍。目前台灣不知死活，總統與閣揆同屬一政黨即已產生那麼多「版權」的問題，一旦出現兩黨共治的情形，加上我國政治人物向來即嫌狹小的氣度和格局，行政機關能不陷於癱瘓者幾希？

至於所謂「五權憲法制」，筆者更是期期以爲不可，一旦行使，則足以導致亡國亡種的命運。蓋「五權憲法制」乃是一黨獨大的產物，一旦施行多黨民主制，則問題將層出不窮！

舉例而言：若是國民大會裏多數黨是甲黨，則總統必由甲黨擔任；在立法院裏乙黨是多數黨，則行政院長必由乙黨擔任，那麼，究竟哪一黨是執政黨？更嚴重的是，立法院有立法權，國民大會有創制、複決權，則立法院辛辛苦苦三讀通過的法律，甲黨爲了杯葛乙黨主政的行政院和立法院，勢必發動國大代表進行創制、複決，已立之法可將其推翻，未立之法可透過國代立法，如此政爭一來一往，國家將永無寧日，最後受害者是納稅的老百姓。

再譬如：在監察院裏乙黨是多數黨，則監察院將奧援立法、行政兩院，不時向總統提出彈劾，以打擊甲黨總統的聲望，醜化甲黨形象。反之，若甲黨在監察院裏是多數黨，則爲了奧援總統，牽制乙黨主政的行政院，勢必對行政院及各部會首長極盡彈劾、糾舉之能事；使政局亂上加亂，終至不可收拾。

僅以上兩點，我們即可判定：五權憲法制絕不可行，一旦施行，則各黨無可避免地會充分利用設計不良的憲政制度，進行權力鬥爭，終致政局浮動，人心惶惶，以致亡國亡種。

憲政貴在有效制衡

筆者認爲，憲政體制的設計，貴在有效的制衡，太過複雜的制衡反而易使政爭中的各黨派乘機介入，上下其手，遂行權力鬥爭，以國家、社會的安定做爲代價來滿足個人的私欲。

最後，筆者要强調，討論憲政體制而涉及擁護李登輝或是擁護李煥，皆屬無聊透頂；對於某些爲了個人權益而輕易調整態度，放棄原有主張的派系人士，吾人更是深感不齒。筆者所擁護者只有兩點：一是「憲法」；二是「安定」。前者在使任何的爭執均可在憲法中尋得解決的依據，而不致茫無焦點或擴大到不可收拾。後者是期望在民主化的過程中，能維護政局的安定，使社會不致遭受太大的衝擊，而能夠深切體認到民主的可貴。

筆者一本憂國憂時之心，獻身民主運動，其目的絕不在爭權奪利，而只希望耿耿之言能喚起各界有識之士來共同思考、共同創造台灣的民主前途——如何能安慰過去的民主鬥士的在天之靈，使其犧牲有代價；並能爲我們的後代子孫建立一套確實可行的憲政體制，從而杜絕政局長期紛亂的根源——筆者相信這是我們共同的理想，也是我們共同努力的方向！

——《聯合報》一九九〇年五月二日

另一個總統選制的新方案

總統直選已排上台灣的政治日程表。國民黨認爲總統直選可繼續擴張總統的職權，而民進黨則盤算經由直選可以提早執政，兩黨著眼於黨派私利而達成的默契，將種下台灣政治發展的禍根。朱高正除一再力言總統直選之不當，並寫作本文，就法理與現實條件，縝密析論，翔實舉證，説明總統直選將導致政局動盪、社會不安；更參酌聯邦德國的制度，提一個總統選舉的新方案。

自從「民國」肇建以來，由於長期間憲政生活未上軌道，復以威權統治，憲政教育始終未加推行，國人對做爲國家根本大法的憲法，未能有深切的了解，因此憲法始終停留在某些專家門禁森嚴的學院研究中，從未能進入人民的生活中成爲一種文化信念、一種扎實的生活方式。

我國政體的定位一直因人而異

政府遷台後數十年來，關於我國政體的爭論著實令人啼笑皆非，除了極少數才德兼俱的法政學者尚能一貫堅持我政治體制基本上爲內閣制外，餘者大多隨波逐流，見風轉舵：早期蔣介石總統在位時，御用學者大率主張我國爲總統制；及至蔣介石去世，嚴家淦副總統繼任總統，是時之行政院長爲蔣經國先生，御用學者立刻改口稱揚內閣制；在蔣經國轉任總統後，內閣制之說又一變而爲總統制的主張，國家政體的定位便如此一變再變，以爲對當政者的阿諛，學術良知蕩然無存，怎能不令人扼腕深嘆！

反觀民進黨諸多「民主鬥士」相較於御用學者，亦不遑多讓。蔣經國逝世後，李登輝以一台灣人出任總統，民進黨內部即興起一股聲浪，認爲此時不宜主張內閣制，及至郝柏村出任行政院長後更形堅決反對，如此不重制度，僅由現實利害考量出發的政治態度，直令關心國家前途者擲筆三嘆。

總統直選——民主政治的迷思

論及總統直選，情感上少有人會加以反對，尤其在一個長期遭受威權統治的國家，愈是具有權勢的職位，人們愈希望人選能經由選舉產生，這是一種經長久壓抑後，要求權力分享的心理反應，豈僅於總統？在司法不公的國家，提出司法院長、法官直選，在情治單位職權過度膨脹的國家，提出調查局長、國安局長直選，都可能獲得熱烈的支持。此時此地反對總統直選顯然不合時宜，然而目睹末世亂象，尤其國民黨、民進黨兩黨短視近利，以各自的利益爲尚，不思留予後世子孫可垂諸久遠的憲政閎規，筆者以一介讀書人，對憲法稍有涉獵，實有不得不言的責任。今即提出另一種憲改的聲音，以就教於關心國家民主前途的仁人志士。

國民黨在「反對總統直選，即反對總統制，亦即支持內閣制，支持內閣制便無異要李登輝總統交出權力」的推論下，因恐得罪當道，便不願公然反對總統直選。民進黨對總統直選的大力推動與堅持，大抵認爲總統制實爲該黨執政的終南捷徑。

因爲採行內閣制，執政需獲得立法院過半數席次，這對民進黨而言實屬遙不可及，但若採行總統直選，基於該黨在縣市長選舉的經驗，顯然較易執政。

總統直選在國家政治體制上的意義便是採行總統制，基於歷史經驗及對修憲幅度的考量，還有隨之而來的繁雜龐大的法律修訂及權力重分配，將會導致付出重大的社會成本及不安，筆者認爲「總統直選」不僅不適當且極爲不智。

就歷史經驗而言，睽諸近現代史，採行總統制的國家，除美國外，鮮有國家能維持十五年以上的安定與民主。其結果不是衍成總統獨裁制，便是國家陷入長期的內亂。美國之能獨外於此，實有其特殊的條件。早期北美移民多爲來自歐洲躲避宗教迫害的清教徒，他們採行高度自治的結社形態，保有相當程度的民主文化，在此背景下所建立的總統制較爲穩固。

另一個易使總統制走向獨裁的潛在因素是，由於總統制所賦予總統的權限過大，對國家政策的影響舉足輕重，在各種政治爭端中常釀成殺機，美國至今的四十一位總統中已有十位於任內曾遭暗殺，四位因遭暗殺而死於任內，比例不可謂不高。此種政治風險在美國這種法治完備的國家，僅能由總統身旁的安全警衛著手加以改善，至於在一般非西方國家，由於法治秩序尚未完備，爲了預防暗殺，不僅止於個人安全警衛的加强，更動輒以維護國家安全爲由大肆增强安全措施，廣建情報系統，尤其偵防政敵或反對黨的行爲言論，種下白色恐怖的禍根。

內閣制才是民主政體的常態

相對於總統制，內閣制引發政治不安的機會較微，因爲一個閣揆的培養往往須歷經國會議員、延攬入閣，及至擔任過一、二個重要部會首長，才可能成爲閣揆候選人，養成的年資在二十年以上，國會採合議制，培養過程中早已嫻熟各種折衝協調、諮商談判的技巧，組閣時，內閣整體表現的重要性亦遠超過閣揆的個人色彩，即使閣揆遇刺，接任人選輒由同一派系中產生，因此，政策亦不致有太大的變化，總統制則由於總統個人的性格、能力、立場都足以左右國家大政，政策的施行往往因人而異，不僅總統的安危可慮，也平添政策的不穩定性。

此外，總統制大都發生於大變革(革命)之後，如美國，內閣制則來自當權者懍於進步力量的抬頭而有所讓步，前者能滿足求變的羣衆心理，後者則屬政治制度自然進化的常態，我們一直期許台灣的蛻變能以和平改革取代革命，以史爲鑑，自不應高估中華民族的政治智慧，內閣制毋寧較總統制更有利於將我國推向民主政治的常軌，戰前類似我國採行軍國主義的德、日，均在戰後改行內閣制而脫胎換骨成效斐然，我們可藉此合理的期待：內閣制的採行也將使我國民主政治的發展開花結果。

由憲法修正的幅度考量，如果實施總統直選而採行總統制，現行中華民國憲法勢必面臨根本變革：第三章「國民大會」將面臨存廢的問題，第四章「總統」如何由虛位元首轉變爲「實權總統」，第五章「行政院」將面臨裁撤，原行政院所屬各部會可能併歸總統府，第六章「立法院」中原行政院與立法院的關係將轉變爲總統如何對立法院負責，次第而下的各章亦難免於大幅修改，因我國現行憲法中，總統本爲地位超然，在五院有爭議時扮演調和鼎鼐的角色，一旦賦予實權，不僅喪失其超然的地位，原有各憲政機關的權限與機關間的關係亦將隨之重新架構，層面之廣，牽涉之深，非止於原憲法條文的翻修，而爲憲法原理原則的變更，其結果勢將廢除原憲，而另制新憲。

總統直選除了涉及大幅修憲，隨之而來各憲政機關組織的大幅修訂（總統府、行政院……等）更是牽一髮而動全身，僅以行政院組織法修訂爲例即可見一斑。行政院組織法自著手修訂迄今已逾五年而遲遲未能定案，其中牽涉新增部會與原各部會間職掌的劃分調整，人員編制的重行規劃。易言之，隨著行政院組織法的修訂又將帶動各部會組織法第二波的大幅修改，之後二級、三級行政機關組織規程亦將面臨第三波的連鎖修訂，保守估計五年內亦無法竟其功。

小幅修憲，大幅改革

即使政局安定的社會亦不宜貿然從事大規模的機關、人事重組，遑論我國剛結束動員戡亂回歸憲政，尚在民主學步的階段，任何人事異動，即以此次內閣小幅改組也瀰漫著小道消息，增加政局的不安。機關職權的紛爭，人事安插的問題在在爲觸發權力鬥爭的導火線，大規模變革的後果實不堪想像，行政院組織法的修訂即已如此，若總統直選牽涉之廣之深，震動衝擊之巨，是否爲台灣社會的體質所可承受？不能不令人憂心，即使純粹由行政技術層面考量，亦不能不謹慎從事。

國民黨與民進黨自知採行典型總統制牽涉層面過廣，因此也有人提出仿效法國第五共和的「雙軌制」、「混合制」或所謂「半總統制」者。實則國內對法國第五共和憲法學有專精者，無人同意我國模仿此制。法國政界、學界，就筆者接觸所及，亦無贊同我國採行此制者。事實上德國總統、日本天皇、英國女王、瑞典、瑞士、丹麥、挪威……等國之國家元首皆非由直選產生，卻無人否認其爲民主國家。

法國第五共和是在解決第四共和政局長期不穩的特殊時空背景下而產生，此制不僅繁瑣、困難重重，尚需法式獨特的周邊法令配合，事實上亦頗窒礙難行，如一九八六—一九八八年間便不得不採行「左右共治」，由左派黨的總統密特朗與右派黨的總理席哈克共同執政，時生扞格。

國內主張採行此制者，對法國政情是了解有限，一方面不願大幅修憲，一方面又不願觸動戡亂體制下總統權力獨大的事實，而穿鑿附會、感情用事，來個混合拼盤，此皆非經由理智考量的結果。

仿效德國，另訂總統選制

在一片總統直選的呼聲下，筆者不揣簡陋，嘗試提出另一種選擇，給關心國家前途者做爲參考。如果總統不由直選產生而由國大選舉選出，則對於國大的組成方式必須做根本性的變革，以第一屆國大爲例，行使職權四十四年共集會十次（八次大會，二次臨時會），在議事經驗上甚且比不上一屆縣市議會議員，至於第二屆修憲國大，將選出三百二十七席，由其選舉方式觀之，著實令人冷汗直流。合理推估九五%以上的修憲國代將皆無立法或修法的經驗，其議事能力、經驗甚至不及一般青商會社團幹部，這些修憲國代從未立過法，一夕之間突然委以修憲重任，無異兒戲！

筆者認爲德國憲法中負責選舉總統及修改憲法之國民大會制度（Bundesversammlung）頗值得我國借鏡，其組成方式是由中央立法機關與地方立法機關各占半數名額共同組成，中央立法機關方面，所有聯邦國會議員均爲當然國大代表，在地方立法機關方面，則由各邦邦議會分別推選出與聯邦國會議員等額的國大代表。適用在我國，則需適度修改憲法，變更國代組成方式。在省虛級化的趨勢下，由各縣市議會選出與該縣市立委等額的國大代表，與全體立法委員合組成國民大會，如此由中央與地方合組而成全國性修憲議會，由於成員本身已具備民意代表議事修法的經驗，國家亦不必另行付了津貼，由其修憲、選舉總統，殊稱允當。

在庸俗的社會中，擔當中流砥柱誠屬不易，通俗的誤解、惡意的攻訐總是掩蓋了真誠的論辯和冷靜的思慮，要爲後世留下可大可久的憲政閎規，並免於短視近利貪圖近便所造成的貽害，需要關心國事者掙脫出黨派利益的羈絆，共同堅持，引領我們的社會穿過迷霧，奔向光明的未來。

——《聯合報》一九九一年七月一日

國大擴權　致亂之源

台灣的國民大會，在國民黨主導的幾次修憲之後權限大幅地擴張，更獲得司法、考試、監察三院的人事同意權，實已破壞了原有的憲政設計。早在憲改伊始，朱高正即作本文指出「權能區分」乃確保民主體制穩固的先決條件。國大的盲目擴權使得政、治兩權不分，將導致體制紊亂，改革無望，徒令紛擾不已的政局更添變數，事後的發展印證了朱高正的先見之明。

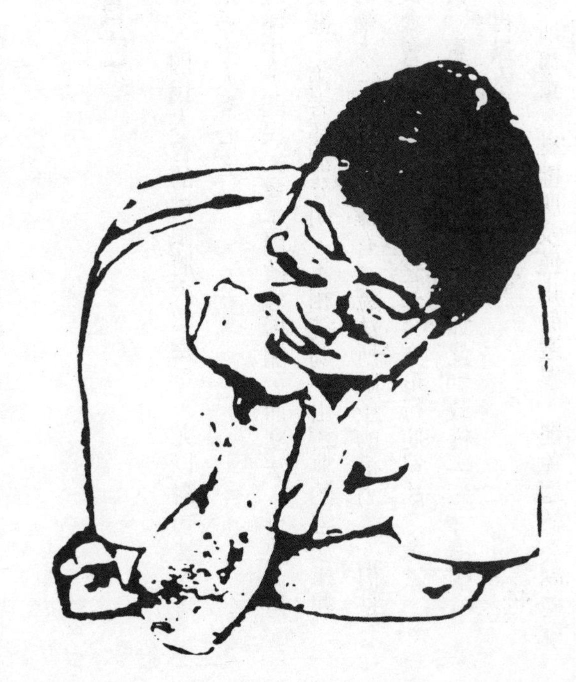

五權憲法名存實亡

依據國民黨提出的修憲方案，國民大會的權限將大幅擴增，尤以對司法、考試、監察三院的人事同意權，最爲令人憂心。

在孫中山先生的權能區分理論中，國民大會本屬政權機關，而立法、行政、司法、考試、監察五院則爲治權機關，兩者涇渭分明，不相統屬。由古典的憲法學觀之亦然，國民大會擁有「制憲的權力」，五院則擁有「憲法所賦予的權力」。但是依國民黨的修憲方案，今後國民大會除了「制憲權」之外，亦可行使司法、考試、監察三院的人事同意權，即兼具「憲法所賦予的權力」，如此「政權」、「治權」不分，徒然爲紛擾已久的政局，再投入更多的變數。

國大代表除修憲外，平時無所事事。職權所及僅止於選舉、罷免總統、副總統，與行使創制、複決兩權而已，即使加上新案中對三院的人事同意權，依憲法規定，國大代表不但可以「兼他職」，甚至還可以「專他職」（現在我們就有幾位擔任縣市長的國大代表，諸如范振宗、周清玉、張文英）。就如同採行內閣制政體的國家在憲法上大多沒有明定「內閣閣揆及其閣員（各部會首長及不管部閣員）應具備國會議員身分」一樣，將來依國民黨的憲改方案，司法、考試、監察三院的正副院長以及大法官、考試委員、監察委員等重要職位勢將由掌握多數派的國大代表充任。

二重權力結構下的怪獸

因爲在內閣制國家，國會既然擁有對閣揆任命的同意權，誰能掌握國會過半數的議員，誰就能出來組閣。因此，每當國會大選完後，一場熱絡的縱橫捭闔、協商談判總是免不了，藉以形成國會中的「多數」。「多數」形成之時，亦即合組該「多數」之各派系領袖已就內閣重要人事之布局（分配）達成協議。惟有如此，才能順利產生閣揆，並在國會中「多數」議員的支持下，有效行使統治權。同樣地，依照國民黨的憲改方案，國民大會握有對司法、考試、監察三院的人事同意權，在國大代表沒有兼職或專他職的限制下，勢必肥水不落外人田，由國大代表自己來出任這些要職。

國民黨憲改方案乍視之下，由於司法、考試、監察三院的重要人事由總統提名、任命，似乎擴大了總統的權限，實則不然。就像內閣閣揆雖由總統提名、任命，但其能否出任閣揆之關鍵，則在於國會的同意權。誰在國會掌握多數，誰就擁有內閣人事安排的大權。同樣地，國民大會中能組成「多數」的各黨派領袖，將具有實質主導司法、考試、監察各院重要人事案的權力，並將瓜分其中的主要席次。這樣的發展，將使國大代表的角色愈形曖昧，從而使我國中央政治體制益形複雜，而形成「二重權力結構」；除了現行憲法中「行政院——立法院」的權力結構外，又平添了「總統——國民大會」的體制。既非內閣制，亦非總統制，也異於法國的雙首長制（法國僅有單一國會）。「二重權力結構」將使權力鬥爭更師出有名，野心份子如魚得水，五權憲法早已名存實亡，取而代之的是一個「政權」、「治權」不分的「怪獸」。如果再加上直接民選的省長，挾著選票爲後盾，在權力競逐中插上一腳，權力惡鬥的慘烈，恐將無日無之，勢必辜負國人對憲政改革的殷殷期盼。

國民大會組成方式應根本變革

除了擴增國大代表權限，將導致體制紊亂、改革無望外，以國民大會的組成方式，欲委以修憲重任，亦令人憂心如焚。目前四〇三位國大代表中九五％以上平生從未有修法、立法的經驗，而第一次要他們修改的竟然是國家根本大法，宛如第一次上手術檯的實習大夫，就要負責心臟移植手術一般，拿國事當兒戲，莫此爲甚！

不論是修憲或選舉總統，國民大會本身的組成方式，必須要做根本的變革。筆者以爲取法德國國民大會制度，頗爲切實可行。亦即依中華民國憲法增修條文規定，將選出一六〇位立法委員，以之爲當然國代，代表中央立法機關，另於省虛級化後，由各縣市議員互推產生另一六〇位國代，代表地方立法機關，合組而成國民大會。如此由中央與地方立法機關，各具半數名額共同組成，負責選舉象徵國家統一的總統，並負修憲之責，最能彰顯「均權制度」的精義。而且由此選出之國代，本身已具有民意基礎，平時各司其職，既不需另爲選舉國代，大事辦理選舉，浪費公帑。且因其平時議事修法，行使職權，已具備監督政府施政的經驗，嫻熟預算審查及政府組織運作的相關事宜，委以修憲的重任，亦不須另行付予津貼，毋寧是較爲妥切的作法。此制在德國行之有年，成效斐然，頗值得我們引爲借鏡。

穩建改革，邁向民主坦途

至若監察院的變革，衆所周知，監察院爲金牛所盤踞。以一職司風憲、維護官箴之機構，卻淪爲耍弄金權政治的大本營，早令國民嘖嘖稱奇，心生不滿，而多有廢院之議。如果依國民黨之修憲案，將監委改由總統提名，經國民大會同意而任命，不僅改革不得其法，反致治絲益棼，動搖了權能區分的根本架構，已如前述。

筆者不揣譾陋，在此提供一個構想，以爲參酌。監委的產生可經由政黨推薦候選人，按各黨得票比率選舉產生，各黨推薦人選不限於該黨黨員，如此可以使高風亮節、守正不阿之士爲國所用，各政黨在提名人選上爲求號召人心，自然避免讓金牛當道，免遭選民唾棄，如此將可有效地防杜由來已久的賄選惡習。

無論國民大會或是監察院的改革方案，筆者皆殫精竭慮地籌謀如何「以最小幅度的修憲，來達到最大幅度的民主改革」。只有穩健的改革，才能引導我們逐步避開權力惡鬥的陷阱，開展出邁向民主的坦途。在修憲前夕，如此不厭其煩，長篇論述，實在是抱著「知其不可而爲之」的心情，略盡知識份子的責任，爲歷史留下見證，不知大權在握的修憲國代諸公，以爲然否？

——《聯合報》一九九二年三月十四日

邁向回歸民主憲政的第一步

——兼勉李總統以遜帝自許

本文是朱高正於一九八八年給李登輝的第一封公開信。在蔣經國先生過世之後，許多人都摒氣凝神看台灣將往何處去?在朝野雙方的自制與李登輝的順利接班之後，逐漸掃除了疑慮和陰霾而展露持續改革的希望。然而在回歸民主憲政的路上，除了强人逝去，更必須徹底折除專制違建，以體制的整建來使帝王成爲絕響，這也是作者當年用以期勉李登輝的時代任務。可惜的是，事實證明，朱高正雖有先見之明，李登輝卻無察納雅言的度量。七年多來，民主憲政仍未落實，政局反更爲動盪，不禁令人扼腕!

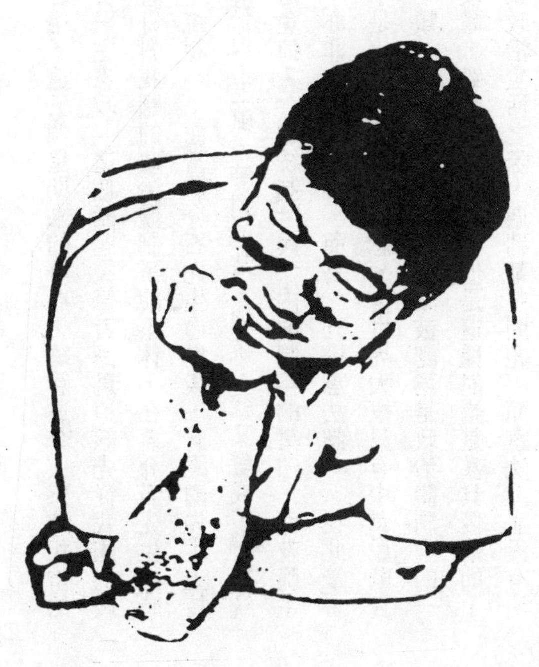

在蔣經國先生過世之後，經過了這三個星期來的發展，總算還令人感到相當的欣慰。現在大家都在談論「落實民主憲政」這個話題，筆者認爲這該先從我國的政治體制談起。向來法政學者一直針對我國的政治體制爭論不休，在蔣介石先生的時期大概是無共識的被認爲是「總統制」；而當蔣介石先生過世後，蔣經國先生主持行政院時，「內閣制」的說法就佔了上風，等到他當了總統，就又變成了「總統制」。而此其間，也有人爲了避免掉入「總統制」與「內閣制」的窠臼，而乾脆主張我國的政體既非「總統制」，亦非「內閣制」，而是「五權憲法制」。在此筆者首先要指出「五權憲法制」並不是一個「類」的概念，全世界大概只有中華民國實行五權憲法，因爲它不是一個「類」的概念，所以不應該被認爲是政治體制中的一個「分類」，爲了確定我國的政體，雖然衆說紛紜，但是這種討論是甚具價值的，而最大的好處乃在於當遂行國家政治生活之際，遇到某些問題，而憲法上並沒有明確的規定時，我們就可以藉著我國政體的基本屬性到底是「內閣制」或是「總統制」，而去引用其他施行類似制度的國家處理類似問題的先例或者是憲政習慣，以爲處理問題之張本。如駝鳥式地誑稱我國政體爲「五權憲法制」的話，那將會導致凡事都要自己重新去摸索一條可行的解決方案，這將因缺乏共識而引發國內一連串不必要的政爭，而使整個政局不穩。

內閣制政體三要素

論者輒以我國的行政院院長並沒有解散立法院的職權；而立法院也不能向行政院院長行使不信任的投票，因此逕行否認我國政體爲「內閣制」，其實筆者要强調「內閣制」之要義，絕不在「不信任投票」與「解散國會」等制度，這兩種制度毋寧是「內閣制」的產物，而且是「內閣制」政體下，「國會」與政府最激烈的抗爭形式。但是並非所有的「內閣制」政體均要採行這種激烈的對抗方式。易言之「不信任投票」與「解散國會」，絕非「內閣制」的「要素」，它們只不過是「偶素」而已。內閣制政體的要素，總而言之，有左列三項：

一、信任制度

內閣由政府首長及各部會首長所組成。

政府首長（即「總理」）之任命雖由國家元首爲之，但須得到國會的信任。任免總理之權，名義上屬於元首，實際上專屬國會。至於各部會首長雖亦由國家元首任命，卻以內閣總理之推薦爲前提。因此，內閣總理之任命係依國會之信任而來，總理絕非元首之幕僚，其去留與元首之好惡無關。同理，部會首長之任命係由總理之推薦而來，他們亦非元首之幕僚，其去留取決於總理，而非元首。這種「信任制度」正好反映在我國憲法第五十五條第一項：「行政院院長由總統提名，經立法院同意任命之。」

與第五十六條：

「行政院副院長各部會首長及不管部會之政務委員，由行政院院長提請總統任命之。」

二、副署制度

政府之重要政策均由內閣制定，開內閣會議時閣揆爲當然主席，國家元首無列席參加討論之權。而內閣會議表面上雖採多數決，但最後決定權仍操在閣揆手中。但是，元首既然代表國家，則政府對外行使權力時，須有內閣閣揆及主管部部長之副署。因此，絕非元首所欲施行的政策，要求內閣來副署；而是內閣所欲施行的政策，要求元首予以簽署。而政策施行的結果當然不是由元首負責，而是由內閣向國會負責。這在我國憲法上亦有明文之規定：

「行政院爲國家最高行政機關」（第五十三條）

「行政院設行政院會議，由行政院院長、副院長、各部會首長及不管部會之政務委員組織，以院長爲主席」（第五十八條）

「總統依法公布法律、發布命令，須經行政院院長之副署，或行政院院長及有關部會首長之副署」（第三十七條）

三、責任制度

內閣不向元首負責，內閣只向國會負責，國會制衡內閣的手法有質詢、調查、審查預算、辯論、不信任投票……等。國會支持內閣的政策，元首雖反對之，內閣亦得施行；國會反對內閣的政策，元首雖支持之，內閣亦難安居其位。總之，在「內閣制」政體中，元首只是虛位元首而已，一切重大政策均取決於國會，故「國會至上主義」乃「內閣制」的理論基礎。在以前君主專制時代，內閣之去留，取決於元首；在自由民主時代，則取決於代表民意的國會。這種「政府」向「國會」負責的制度也反映在我國憲法第五十七條：

「立法院對於行政院之重要政策不贊同時，得以決議移請行政院變更之。行政院對於立法院之決議，得經總統核可，移請立法院覆議時，如經出席立法委員三分之二維持原決議，行政院院長應即接受該決議或辭職」（第二項）。

「行政院對立法院決議之法律案、預算案、條約案，如認爲有窒礙難行時，得經總統之核可，於決議案送達行政院十日內，移請立法院覆議。覆議時，如經出席立法委員三分之二維持原案，行政院院長應即接受該決議或辭職」（第三項）。

易言之，我國憲法雖未規定立法院有對行政院「投不信任票」之權，但亦未規定行政院有解散立法院之權，但是立法院卻可以三分之二出席委員之多數，經由「覆議」制度，逼行政院院長辭職。反觀行政院固然能以獲得三分之一以上立委的支持，即可繼續留任，並推行其自訂之政策；但卻無權解散立法院，使之產生新的多數來支持自己的政策。因此，行政院將因隨時面臨多數立法委員的嚴厲質詢、杯葛，而陷入不穩定狀態中。是以不得謂我國的憲政體制，在對立法院制衡行政院的權力上，因沒有「不信任投票」權，而謂較不周延。

話說回來，依照憲法之規定我國政體絕對不可能是「總統制」，因爲施行總統制的國家，總統仍然要向國會負責，而在我國的憲政設計裡，總統地位崇榮，他與立、監兩院並無監督制衡之關係，而國民大會按照憲法的規定也只有選舉、罷免總統、副總統、修改憲法、行使創制、複決之權而已，而不能要求總統向其負責，所以按照憲法的規定，我們絕對不是「總統制」。

名符其實的帝制

之所以會讓人家誤以爲我們是總統制的原因，其立論大都依據「動員戡亂時期臨時條款」而來，然其中對總統的授權根本也不是「總統制」，因爲總統還是不向任何一個國會來負責，它是名符其實的「帝制」，所以說我們今天如果要回歸民主憲政，一定要做到左列四點。

一、刪除「動員戡亂時期臨時條款」第三項：即「動員戡亂時期，總統、副總統得連選連任，不受憲法第四十七條連任一次之限制。」，刪除此項，以回復我國憲法第四十七條的效力，即「總統副總統之任期爲六年，連選得連任一次。」

二、刪除「動員戡亂時期臨時條款」第四項：即「動員戡亂時期，本憲政體制援權總統得設置動員戡亂機構，決定動員戡亂有關大政方針，並處理戰地政務。」而所謂的「動員戡亂機構」，即指國家安全會議，揆諸「國安會組織綱要」的規定總統可以爲所欲爲，根本不受任何的監督與制衡，也就是享有無限的權力，這完全違反了立憲主義的基本精神。

三、刪除「動員戡亂時期臨時條款」第五項，即「總統爲適應動員戡亂需要得調整中央政府之行政機構，人事機構及其組織。」使我國憲法第五章至第九章所規定的五權分立的根本精神也受到嚴重的破壞。

四、刪除「動員戡亂時期臨時條款」第一、二項，而改由立法院另行制定一項「緊急命令法」，使總統行使憲法第四十三條所賦予的緊急權時，有所依循。

唯有如此，我們才可能回歸民主憲政的基本體制。

有人説，蔣經國先生是中國最後一個皇帝，筆者覺得他還遺留下很多只有皇帝才能解決的問題，充其量他是最後一個强勢皇帝，絕非最後一個皇帝，現在李登輝總統繼位了，個人認爲他應該扮演「遜帝」的角色，他有很多的工作要完成，比方説在陳誠過世後，蔣介石爲了避免國民黨內部劇烈的權力鬥爭，所以在隔年（民國五十五年）就修改「動員戡亂時期臨時條款」，增列第四項，授權給總統成立動員戡亂機構來直接指揮行政院，而不必經通總統府或是黨務系統來指揮，因爲以上兩個地方有很多陳誠的舊屬，就這樣巧妙地避開了不必要的政治衝突，而達到控制行政院的目的。從民國六十一年到現在，國家安全會議可説是備而不用，爲什麼呢？因爲民國六十一年蔣經國出任行政院長時，其父蔣介石有意培植他，父子分任總統與行政院長，合作無間，根本不必運作國安會，等到蔣介石過世後，嚴家淦繼任爲總統，身兼國安會的主席，但他受有託孤的遺命，所以說他也不會去運作國安會。到了民國六十七年蔣經國自己當上總統，他那時候早已完全控制黨務系統了，所以他也可以不必運作國安會，經由黨務系統即可間接指揮行政院。現在他過世了，個人非常同意李登輝總統現在出任國民黨的主席，否則，當總統跟行政院意見相左時，總統爲了貫徹其意志，最後一定被逼運作國安會以使行政院就範，這樣的話，就等於帝制復活了，這絕不是關心民主前途的人所願樂見的。

扮演遜帝底定內閣制

李登輝總統或是俞國華院長他們兩個都同樣缺少民意基礎，總統是由國民大會選舉，行政院長是由立法院同意，在這兩個國會都還沒有全面改選之前，由李登輝總統來擔任國民黨主席尚無不當。但筆者認爲在國會全面改選之後，國民黨的黨主席，就應由國民黨在立法院的實質領袖來出任，居時李登輝總統就應該把主席的寶座讓出來，這就是筆者說他應扮演「遜帝」的角色的意義所在。等他將主席位置讓出後，他就成爲憲法所設計出來的虛位元首，這樣「內閣制」即可底定。在此筆者要强調，以「遜帝」來期待李登輝總統並無任何不敬之處，只要所扮演的「遜帝」

的角色不是被逼的，而是自己洞見並掌握了歷史發展的必然趨勢，主動退讓，則扮演這種角色更需要有大智慧、大勇氣的人才足以擔當，這與平定天下開創新局的開國人物比起來，只有過之而無不及。

個人倒是覺得有個歷史人物值得李登輝總統來學習，那就是宋太祖趙匡胤。因其出身、背景、處境極爲酷似，王船山在《宋論》中論宋太祖時提到，承受天命，其上以德，如商，周。其次以功，如漢高祖、唐太宗。只有宋太祖是歷來皇帝中以一介屈屈「都點檢」被同儕黃袍加身，無德無功就當上了皇帝。李登輝的處境和當年的宋太祖實在像極了。雖然宋太祖剛坐上皇帝寶座是岌岌可危，可是一坐下去就不可終日，而開了宋代四百年的基業，奧妙在那裡？因爲他權不夠重，兵威無所立；望不夠隆，不敢居戮功臣；恩惠佈得不夠周延，不敢行苛法、課重稅；所以只好「懼」，這就是，「懼以生慎，慎以生儉，儉以生慈，慈以生和，和以生文」的道理，也就是值得李總統學習借鏡的地方。

筆者希望國民黨政府，在李登輝總統的領導下，能夠腳踏實地回歸民主憲政，充分尊重民意，徹底改造國會，並準備迎接一個嶄新的政治時代的來臨。

——《台灣時報》一九八八年二月十日

天下至廣 非一人所能獨治

——給李登輝先生的一封公開信

一九九二年年底立委選舉後，高層政爭再起。一般民衆大多以爲「外省籍大老聯合欺負李登輝」，使得李氏可以毫無忌憚利用「省籍矛盾」與「李登輝情結」，一再破壞憲政體制，拒絕黨内民主改革。李氏可以大言不慚「天下爲公」、「政治人物要誠實」，却又否認「謝孫兩資政求見」，並形容外省籍人士是「不在地地主的兒子」。自彈自唱郝柏村下台一事，他是「局外人」……云云。

爲了台灣的安定繁榮，爲了整個中國的前途，朱高正鼓起十足的勇氣，寫了這篇難得一見的佳作。

其實，朱高正早於一九八八年初蔣經國先生過世之際，對繼任的李登輝先生就多所建言，但李氏却一再反其道而行。一九九二年端陽節，朱高正感傷懷時，想起屈原，撫今追昔，更有難言之慟。乃抄錄《北周書文帝紀》的一段詔書，用以自勉。

本文的題目〈天下至廣，非一人所能獨治〉即出自該詔書。

此詔書係由「北朝第一人」蘇綽所撰，蘇氏推行「均田制」，首創「府兵制」，實現「兵農合一」、「選農訓兵」的理想，終能結束中國四百年分裂的局面，並奠定隋唐盛世的基礎。本文即以此詔書為托底，來檢視李氏掌權五年來的作為，在一片阿諛諂媚聲中，本文足為歷史留下不朽的見證。

李登輝先生，你好：

日本自民黨前幹事長綿貫民輔來訪，向你請教施政理念爲何，你說是「天下爲公」四字。看報上的報導，心中百感交集，假如你真的實踐「天下爲公」的政治理念，那該是一件多麼令人賞心悅目的美事！

一九八八年元月十三日，蔣經國先生過世。當晚驟聞這個消息，我難過得掉下淚來，怨嘆在台灣民主化的關鍵時刻，卻失去這麼重要的主導力量。這時你接掌國家大權，大家把希望都寄託在你身上，希望你帶領這個國家，走上民主的大道。你有什麼缺失，大家都曲意維護；你有什麼不如意，大家也都指責不和你合作的人。而這一切，無非是期望你會比大陸人更加勤政愛民，較會爲後世子孫福祉著想。

有人說，這是「李登輝情結」，或者乾脆叫它「省籍情結」。但五年來，目睹你掌權後的所作所爲，再聽到你說「天下爲公」的話，我深感迷惑，有些話如鯁在喉，不吐不快，也希望藉著這封公開信，讓你有公開解釋的機會。

國民黨不民主，大家都要關心

我雖屬在野黨，但基於對台灣政治現實的認識，不得不對國民黨盡一點言責。因爲，擁有數千億黨產、據有絕對優勢地位的國民黨，是台灣政局的主導力量。我們如何能夠期待不民主的執政黨會將台灣帶向民主？國民黨如果不民主，每一位國民都有權關心。最近，德國新納粹黨鬧得很兇，執政黨籍的聯邦總統走上街頭抗議！難怪德國政黨法明定政黨不得違反「黨內民主」的原則。所以，在我從政之初，就主張制定政黨法，並要求國民黨交代黨產來源。時至今日，在你領導國民黨五年以來，你有什麼表現、什麼作爲，讓人確信你在從事黨內民主改革？大家所見所聞，只不過在樹立你個人「一元化領導」的威信而已！

早在一九八八年二月十日，我在《台灣時報》寫了一篇期勉你扮演「遜帝」，確立內閣制的文章。在蔣經國過世之初，我也非常同意你出任國民黨的主席，但前提是希望你能在國會全面改選之後，將黨主席的位子讓給國民黨在國會的實質領袖，成爲憲法所設計的「虛位元首」，以建立內閣制。我並說，期待你扮演遜帝的角色，由你主動，這只有大智慧、大勇氣的人才辦得到，並無任何不敬之處。

向趙匡胤學習

我當時要說這些話，是想：蔣經國過世，你繼承如此龐大的權力，歷史上有誰的處境與你相似，值得你學習，讓你能爲這個國家、爲全體人民謀求更大的福祉？我想到的是宋太祖趙匡胤。王船山先生在「宋論」中，評論趙匡胤說：承受天命，其上以德，如商、周。其次以功，如漢高祖、唐太宗。只有趙匡胤是以「都點檢」之職黃袍加身，祖上無德，本身無功，便得到天下。趙匡胤無德無功，如何能開宋代四百年的基業？就是一個「懼」字，因爲「懼以生慎，慎以生儉，儉以生慈，慈以生和，和以生文」。但是宋朝也是亡在一個「懼」字，因爲「懼以生疑，疑以生猜，猜以生妒，妒以生亂，亂以生亡」。這段話，當年我沒有寫出來，但很不幸，五年來你走的竟是這條道路。只是蒼生何辜！百姓何辜！

趙匡胤臨終時，在石碑上刻下三大戒律，要求嗣君即位前，必須跪拜朗讀。三戒是：「保全柴氏子孫」；「不殺士大夫」；「不加農田之賦」。趙匡胤這三戒是有用意的，爲什麼要保全柴氏子孫？因爲趙匡胤是後周世宗柴榮所提拔的將領，趙匡胤這麼做，就是昭告天下他重恩義，因而五代的殺伐之氣消弭於無形。你自己也說過「吃果子拜樹頭」，可是對蔣家後代，你似乎忘了飲水思源。

善待蔣家後代？

一九八八年七月國民黨十三全會期間，你向新聞界放消息，擅指蔣緯國不要選中央委員；蔣緯國棄選之後，轉而撥票給章孝嚴與章孝慈。後來，蔣孝文死了，你把蔣孝武外放，蔣孝勇也赴加拿大不歸，還想把章孝嚴也外放沙烏地阿拉伯。我全力阻止這件事，認爲應考慮章孝嚴的意願、外交閱歷、及其專長。尤其是蔣家都離開台灣，政治上並不是理想的安排，才將這件事擋了下來。

一九九〇年二月政爭，你又爲了粉碎「林蔣配」，把蔣孝武弄回來，由他人捉刀，寫一篇痛斥蔣緯國的文章，交給蔣孝武發表，這是不顧人倫的作法。其實你曾向蔣緯國隨口說過「副總統來陪我選」，事後有人向你說，萬一你有三長兩短，蔣家不是復辟了嗎？你立刻改變主意。如此亟欲清除「前朝」，步步進逼，毫不顧念政局之穩定，豈非太過私心自用？

尊重知識份子？

趙匡胤的第二項戒律是不殺士大夫。尊重知識份子，有助於施政；尤其是尊重不同意見的知識份子，更可以樹立良好的政治楷模。可是你只聽信拍你馬屁、逢迎你的人，對意見不同的人，則視若草芥。陶百川先生遭人侮辱「接受中共一國兩制」，憤而要辭去國統會委員，你有片言隻字予以勸慰嗎？陶先生意見與你或許有不同之處，但對一位社會清望之士，身爲一國元首難道不該稍加尊重嗎？

照顧農民？

你是農家子弟出身，又是農經博士，對趙匡胤所說「不加農田之賦」，照顧農民的一番意思，應該有所體悟，有所作爲。但是，你整天和企業家打高爾夫球，身邊圍繞的盡是大財團、大企業負責人。你擔任省主席時，喊出八萬農業大軍的口號，到今天已成笑柄。其中的原因，就是你從未思索農民的實際需要爲何，所以拿不出真正能照顧農民的政策。最近，我大力推動「農民退休年金制度」，行政院長郝柏村接受，並指示農委會限期研辦。立法院也通過我的提案，要求你支持本案，並保證本案不會因行政院改組而受影響。你才發表談話，表示「一向關心農民，一年多前就指示要辦農民退休年金制」。你知道，爲了此案我已和行政部門磋商四年多了嗎？事實上，你主政五年以來，一直偏袒醫界出身的立委，支持調高農保費用，你何時關心過農民？連水租的全額補助還不是我三年前奔波出來的，那時你人又在哪裏？

《詩經》上說：「普天之下，莫非王土，率土之濱，莫非王臣。」你當上總統又兼國民黨主席，有最好的位子，最好的機會，要是真能一本「天下爲公」的胸懷，效法趙匡胤力求政治和諧的誠意，則普天之下誰不願爲你效命？你就可以真正帶領國家走向民主的光明前途。只可惜……

留俞排李

國民黨十三全會期間，當時的行政院長俞國華在中央委員選舉中，名次跌到第三十五名，依例閣揆若失去黨內有力的支持，通常是要下台的。但是當時貴黨的秘書長李煥太强勢、太積極了，以最高票當選中央委員，你爲了阻折李煥，就刻意扶持俞內閣。然後再以强勢總統，完全主導俞內閣在十三全會後的人事異動，你可曾想過尊重憲政體制、尊重閣揆選擇閣員的權力嗎?當時我也曾透過管道向你建議，何不用林洋港組閣，即可粉碎各界「李、林不合」的傳聞，真正表現「天下爲公」的精神。然你似乎擔心林洋港聲勢坐大，對林氏採取冷凍政策至今!

以李抑蔣

一九八九年底，立法委員剛剛選完，你曾傳話給時任行政院長的李煥，希望他出來搭檔選副總統。李煥問我的意見，他說:「民進黨在立法院人數增加了一倍，行政院長不好幹，能做多久也不知道;副總統地位尊榮，且任期六年。」我很不以爲然，認爲李煥任行政院長才半年，政務才剛上手就換人，對推行政務不好，對一般百姓生計的影響更是重大。當然李煥後來也是落空。原來你用李煥來牽制蔣緯國，而口袋中的人選卻是李元簇!

一九九〇年二月政爭，八大老出來講和，當時你答應的條件:國安局長宋心濂、國民黨中委會秘書長宋楚瑜二人去職;今後將尊重黨內意見，多做溝通、協商，結果一樣也沒實現。今天政局這麼亂，爲什麼沒有人願意再出來爲你奔走、講和?因爲你只把別人當作工具的拙劣手段，絕了自己的路;政治是要協商、要守信的，像你這樣的短線做法，不嫌粗魯嗎？

由「肝膽相照」到「肝膽俱裂」

政爭落幕不久，一位熟知政壇人脈的朋友跟我說：「看樣子李登輝要下棋，只剩一著，就是用郝柏村做行政院長。」我說：「怎麼可能？這連蔣經國都不敢做。」但是，爲了權力，爲了鬥垮李煥，你做出來了！一九九〇年五月二日下午，郝柏村在國防部發出即將組閣的消息。當晚碰到宋心濂，我告訴他，你要任命郝柏村組閣。宋心濂當時還不知道，連說，不可能。分手之前，我得知晚間電視新聞已播出郝柏村組閣的消息，於是我再度告知宋心濂。宋當場臉色大變，難過之情溢於言表。我向他說：「別難過，你不會外調韓國了！」當初政爭，八大老出面協議內容，大宋調韓國；小宋調美國。你之所以食言沒調走宋心濂，還不是用郝柏村打掉李煥之後，又要留住宋心濂牽制郝柏村。你的一貫原則，就是鞏固自己的權位。

當時你向外界表示，你和郝柏村「肝膽相照」，他對你「忠心耿耿」。言猶在耳，你和郝柏村已變成「恐怖平衡」、「瀕臨決裂」了。一九九〇年五月四日，郝柏村確定要組閣了，那天早上我去國防部看他。我說，李登輝這個人不好相處。郝柏村說，這一點可以放心，他當蔣總統侍衛長多年，也看過不少人，自信有把握應付得好。但現在看來，他的把握也落空了。

權力慾太重

權力慾太重，常要越級指揮，是你和幾位行政院長處不好的主要原因。在體制中沒有職位、缺少政治歷練、學養平庸、又無民意基礎的蘇志誠、賴國洲在你包庇之下弄權生事，陳重光、宋楚瑜經常參贊決策，完全無視國家行政體制之存在，抓權抓得如此徹底，實在不妥。

你毫不尊重國家體制，難怪連黨的體制也棄之不顧。去年修憲之前，國民黨中常會慎重其事地成立「協調分組」與「研究分組」，開了無數次會，擬出委任直選的辦法；誰知去年初，你的好友張榮發向媒體表示應該公民直選後，你便來個政策急轉彎，在國民黨三中全會召開前一週，突然棄原案於不顧。這讓一直擔任主要研究工作的施啓揚、馬英九兩人情何以堪？馬英九甚至向記者說出：「你們現在還相信我的話嗎？」令人聞之鼻酸。糟蹋知識份子至此者，歷史上惟有昏暴之君才做得出來！

不尊重憲政體制

你在接受日本《產經新聞》訪問時，談到我國憲政體制究爲總統制，還是內閣制的問題時竟然說：「台灣報紙有人議論內閣制、總統制，但不能聽。我國憲法上，行政院長握有豐富的預算權，看起來有權力，但他要聽總統的意思。」這種極無常識、不尊重憲政體制的話，出自一國元首之口，不當至極！你忘了憲法規定，行政院對立法院負責嗎？這些話不僅證明了你心中根本沒有中華民國憲法，也從未仔細思考過你所宣誓效忠過的中華民國憲法真正的精神爲何；難怪你主導的修憲變成毀憲！更令人不寒而慄的是，這些話顯示你無意中流露出「帝王心態」，難怪你修憲要修成「半帝制」。一九九〇年的國是會議，邀請對象由你一人決定；現在提名的監察委員，還是由你一人決定。就連反對黨要找誰出任監委，也沒有商量的餘地。在你「半帝制」之下，一言堂是必然的結果，現在的「人事佈局」，還是你一個人在下棋，這就是你所謂的「天下爲公」嗎？

「至公之道沒，姦詐之萌生」

這次立委大選，國民黨慘敗。你身爲黨主席，一手主導提名作業。而國民黨提名大批金牛與黑道人物，是致敗的主因，你可以不必負責嗎？你連一句責怪自己的話都沒有！不但如此，選後你還理直氣壯地要安排這個人事、那個人事。宋楚瑜要辭職，你不但慰留，還準備給他一個好位子——省主席。你的做法，真如北周書文帝紀詔書所說：「以官職爲私恩，爵祿爲榮惠。君之命官，親則授之，愛則任之。臣之受位，可以尊身而潤屋者，則迂道而求之。至公之道沒，而姦詐之萌生，天下不治，正爲此矣！」

你喜歡連戰。選舉一過，就要連戰給立委送當選證書，以省主席身分給中央民代送當選證書。以此類推，省議員豈非由縣長來送？縣議員由鄉鎮長來送？鄉鎮民代表則由村里長來送？踐踏國家體制至此，成何體統！你不要以爲提名連戰出任閣揆，從此你就可大權獨攬，貫徹一己的意志。要知道，你在蔣經國時代奴顏卑屈，一副謙和之貌；一旦掌權，立刻露出本來面目。連戰未來同樣有可能和你關係破裂。

你事事堅持己見，如果連戰對你事事服從，立法委員矛頭必將指向你；而以你過去的表現，肯定無法抵擋立委的批判，最後必然罵名滿天下。反之，連戰一旦體察形勢，看準大家逐漸對你失去信心，只要發揮憲法上應有的權限，就可以吃定你。到時候，你和連戰同樣會相處不下去，政局又將不安。你自己爲所欲爲，卻要無辜百姓陪你受罪！

不能坐視台灣的基業任你毀壞

個人前途事小，百姓福祉事大，爲了台灣的安定繁榮，爲了整個中國的前途，不能坐視台灣的基業任你毀壞！句句肺腑之言，一定要講出來。爲了國會全面改選，我公然向國民黨的威權挑戰，爲了台灣長遠的安定繁榮，我不惜黯然退出日漸得勢的民進黨。在亂世立於廟堂之上，無力救亡圖存，已是奇恥大辱；如果連幾句真心話都不敢說出口，怎麽對得起天地良心？我希望你所說的施政理念「天下爲公」是反省所得，而不是再一次的口是心非。

現在，我抄錄一段《北周書文帝紀》中的詔書，請你細加省察：「古之帝王，所以建諸侯，立百官，非欲富貴其身而尊榮之。蓋以天下至廣，非一人所能獨治，是以博訪賢才，助己爲治。若知其賢，則以禮命之。其人聞命之日，則慘然曰：『凡受人之事，任人之勞，何捨己而從人？』又自勉曰：『天生儁士，所以利時，彼人主欲與我共爲治，安可苟辭？』於是降心受命。其居官也，不惶恤其私而憂其家，故妻子或有饑寒之弊而不顧。於是人主賜以俸祿，尊以軒冕而不以爲惠，賢臣受之亦不以爲德。爲君者誠能以此道授官，爲臣者誠能以此情受位，天下之大，可不言而治。」

最後，我想再提五年前給你的建議，希望你能痛定思痛立即辭去黨主席，用這種大公無私、開創新局的大智慧、大勇氣，爲國家奠定可大可久的憲政基礎。果然如此，你將會贏得舉國一致無限的景仰與愛戴，成爲中國自孫中山先生推翻滿清以來，最偉大、最崇高的元首。如果你不這樣做，不是國民黨分裂，台灣便將出現獨裁體制。

誠摯的祝福你，也衷心期盼你劃時代的決定！

——一九九三年元月十八日至二十日散見國內外各大報

政黨政治之路

組黨是人民的基本權利

——一個憲法解釋的嘗試

在國民黨長期高壓統治下，憲法不受重視，這不但是行憲破產的鐵証，也是當年黨內、外衝突一再升高的主因。在黨禁期間，朱高正從國家法學的立場，不厭其詳、旁徵博引，析論「組黨是人民的基本權利」，呼籲開放黨禁，爲黨外組黨、反對黨合法化提供有力的理論依據。

現任大法官楊與齡先生曾於三年前（即一九八三年）在《憲政時代季刊》第九卷第一期上，發表了〈各國憲法有關政黨規定之比較研究〉一文。開宗明義即提出了下述見解：

「政黨……在實際上多爲少數官僚、政客、野心或投機份子之組合，三五成羣，各樹一幟，爲達目的，不擇手段。圖謀私利，攫取特權。常以『多數獨裁』、『忽視少數』或『違反民主』等偏激言論，譁衆取寵，製造紛歧，從中漁利，對於福國利民，不僅毫無貢獻，反使執政者受其困擾，貽誤國事，陷人民於水火。」

看了這段文字，眞叫人啼笑皆非，諷刺至極。不知作者是在詆譭黨外人士，還是長期執政的國民黨？蓋設若吾人將上述引文中之「政黨」易爲「國民黨」，而「執政者」易爲「人民」，則楊文之陳述倒也頗能切中時弊。

「（國民黨）實際上多爲少數官僚、政客、野心或投機份子之組合……爲達目的，不擇手段。圖謀私利，攫取特權。常以『多數獨裁』、『忽視少數』、『違反民主』等偏激言論……製造紛歧，從中漁利，對於福國利民，不僅毫無貢獻，反使（人民）受其困擾……」

然而，在此必須嚴正指出的是，如若以上述之見解來概括「政黨」之本質，則必將令人對「政黨」產生嚴重的誤解。因爲，吾人絕不能視尚未能正常運作的政黨活動爲政黨政治之常態，而遽以排斥。而更令人擔憂者，楊與齡先生目前是我國負責解釋憲法的專責機構——司法院大法官會議——的一員，尤其令人不安者，我國歷任大法官少有就「政黨的憲法地位」爲文公開發表者，如今，楊與齡先生卻發表了上述對政黨政治極盡貶抑之能事的見解，這在一個以自由民主國家自居的我國，毋寧是件極爲不可思議的怪事。

組黨是人民的基本人權

時值今日，國內政情在菲律賓黃色民主旋風，以及南韓反對黨修憲風潮的衝擊下，黨外人士亦思加速組織化的步調，期能建立名符其實的反對黨。而執政當局則三令五申，强調目前國家處境困難，非常時期的認知不可無，不宜開放黨禁。如若黨外公政會籌設地方分會以爲組黨之準備，則執政當局除强制解散分會外，並將一併取締黨外公政會總會。目前，這種外弛內張的形勢，有增無減，而五月一日遠在美國的百餘名臺灣同鄉亦宣布成立「臺灣民主黨建黨委員會」，更使得「黨禁」的解除成爲衆所矚目的話題。

誠如上段所言，執政當局一再强調國家目前處非常時期，「共匪謀我日亟」，為維護復興基地的安全，「黨禁」乃成為當前的國策之一。反觀黨外人士的主張，則以在去年（一九八五）十二月廿二日由臺灣人權促進會所舉行的「政黨與人權座談會」最具代表性。該次座談會的內容刊載於《臺灣人權促進會會訊》第四期（二～九頁），其結論第一項為「組織政黨是人民的基本人權」。無論國民黨或黨外，雙方均各持己見，爭論的焦點並未明確化。易言之，一方認為黨禁不宜解除，另一方認為組黨自由乃基本人權，各說各話。國民黨的主張，只能說是其黨內決策之宣示而已，顯無憲法上之依據。而黨外的見解，也只能說是黨外的共識而已，同樣缺少憲法上的論證。

憲法不受重視是黨內外衝突的主因

憲法的不受重視，是行憲破產的鐵證，也是當今黨內外衝突一再升高的主因。亦是在政治鬥爭中講「力」不講「理」的明證。當今黨外人士不論在思維方式或行為模式均或多或少受到國民黨統治方式的制約，這意味著，在「黨禁」與「組黨自由」背後，隱藏著一個憲政危機。因為，在意見相衝突、相對立的兩個政治勢力之間，並不存在一套雙方均可接受的價值規範，以爲解決紛爭之憑藉。易言之，目前因「組黨」問題而尖銳化的黨內外衝突，基本上是處於一種無政府狀態，雙方可以爲所欲爲，只要「力」有所逮的話。

而更不幸的是，縱使爭執雙方均願依照憲法來處理組黨問題，我們卻缺少一個公正而超然的憲法解釋機構。這由前面所引的楊大法官與齡的高論中，就可看出他對政黨的本質是何其的無知與鄙視。這是否可以反應出我國目前大法官會議的一般水準呢？大法官會議果真能就組黨問題，依憲法第八十條之規定，「超出黨派以外」，獨立審判？這從行憲以來，大法官會議不曾在任一憲法解釋案中，率直宣布政府之措施爲違憲，可以推知，要不是中華民國政府處處唯憲法是遵，便是大法官會議唯政府馬首是瞻。而筆者亦不願後者發生，蓋如此則違反五權憲法之精神，否則，何不將大法官會議由司法院改隸行政院？筆者寧願相信中華民國政府終究會尊重憲法，因此，仍願以一國家法學者的立場，就組黨自由試圖做一合憲的解釋。

憲法默認多黨制

首先，筆者想列舉出我國憲法有關「黨」的規定：

第七條　中華民國人民，無分男女、宗教、種族、階級、黨派，在法律上一律平等。

第八十條　法官須超出黨派以外，依據法律，獨立審判，不受任何干涉。

第八十六條　考試委員須超出黨派以外，依據法律，獨立行使職權。

第一百三十八條　全國陸海空軍，須超出個人、地域及黨派關係以外，效忠國家，愛護人民。

第一百三十九條　任何黨派及個人，不得以武裝力量爲政爭之工具。

由上可知，我國憲法雖未直接就政黨的地位予以明文規定，卻在上引條文中，一再出現「無分黨派」、「任何黨派」，此之「黨派」乃是指「政黨」或「政團」而言，可見我國憲法是默認多黨制的。憲法雖未明文規定政黨平等（含各政黨競爭機會平等，法律地位平等），但卻可經由憲法解釋，承認各政黨、各政團同享機會平等、地位平等。而本文則擬就「組黨自由」一問題，從國家法學的立場，從下列兩個方向來予以探討：

(1)行憲後，各民主國家在憲法上有關政黨的新規定之大要趨勢。

(2)就法理上，分析組黨自由乃立憲民主法治國家不得予以否認之基本人權。

衆所週知，我國憲法制定於一九四六年，而自一九四七年頒行以來，除由國民代表大會另定「動員戡亂時期臨時條款」，排除憲法某些條文之適用外，迄未正式修改憲法。而近四十年來，全世界各民主國家則紛紛在憲法中規定政黨的地位。其實，我國憲法，以制憲時而言，仍算進步，而彼時亦無任何國家在憲法上明定政黨的地位。唯自一九四九年西德基本法第廿一條首次在憲法史上開一新紀元，確立政黨在憲法中的地位：

「第一項：政黨參與建構人民的政治意志，政黨得自由成立。其內部秩序必須符合民主政治的根本原則。政黨須公開說明其經費來源。」

隨後，一九五八年法國第五共和憲法第四條除明定組織政黨自由外，亦强調組織政團的自由。尤有進者，乃義大利於一九六七年修改其一九四七年之憲法（即與我國同年頒行之憲法，亦於廿年後有重大修改！）將第四十九條修改爲：

「組織政黨乃所有公民的基本權利。」

由此可知，今日所有主要的民主國家均承認「組黨自由」，而義大利更宣稱此一自由乃「基本權利」。至於英、美兩國，因向來即有兩大黨交相更迭執政，且已落實成爲憲政生活的一環，自不必再在憲法中另行規定。就以南韓爲例，一九六二年原大韓民國憲法（一九四八年）第七條第一項亦被修改爲：

「政黨得自由建立，多黨制度應受保障。」

而後，雖歷經一九七二年及一九八○年兩次修憲，而該條文則迄今未有任何更動。在此筆者更想引用國情向來與我頗爲類似的土耳其共和國憲法（制定於一九六一年）爲例，其憲法第五十六條明定：

「公民有權建立政黨，並依有關規定及程序參加或退出政黨。政黨之建立，毋須事先准許，並得自由活動。政黨不論在朝在野，均爲民主政治生活所不可少的實體。」

唯有承認組黨自由才是合憲的解釋

由上面所引的德、法、義、韓、土諸國自一九四七年以來，極爲一致的立憲、修憲方向來看，組黨自由乃一切民主國家均須予以承認之基本人權，而我國憲法第一條亦明定我國爲民主共和政體，且依據「孫中山先生創立中華民國之遺教」，他也同意「政黨」（即今之「政府黨」或「執政黨」）與「民黨」（即「在野黨」或「反對黨」）應公平競爭，爲人民謀福利。一旦「民黨」取得較多人民的支持，即可執掌政權，成爲「政黨」，而原來之「政黨」則退而成爲「民黨」。這對孫中山先生而言，本極平常，他對英、美兩國政情的瞭解，乃是他支持兩黨制的理由。因此，我國憲法縱然未明定組黨自由，但是一則以國父遺教有關政黨之論述，二則以行憲後各民主國家之共同趨勢，吾人唯有承認組黨自由，才是合憲的解釋。此外，憲法本一國之根本大法，它規定國家生活的基本秩序，當然免不了較爲抽象。然而，當針對某一憲法上的爭議謀解決時，則需尊重憲法的根本精神所在（如憲法的前言、國體的規定），本不得以黨利或黨意來取代憲法的根本精神！更不得以黨利或黨意來曲解全民共信共守的憲法！

其次，就法理上言，立憲民主法治國家必須承認組黨自由乃基本人權。在此筆者想先引述西德聯邦憲法法院於一九五六年宣布德國共產黨爲違憲的判決書中，有關「組黨自由」的一段頗爲精闢的言論。

「一個——視其憲法秩序爲自由民主，並將此秩序納入自由法治的民主體制的偉大憲法史的發展潮流中的——國家必須從意見表達自由的基本權利，發展出自由從事政治活動及自由組織政黨的根本權利，就如同基本法第廿一條第一項第二句所規定者。蓋自由民主政治的基本見解是：只有在互相碰撞的社會力量與利益、政治理念及代表這些理念的政黨間，在精神上不斷的辯難，才是建構國家意志的正確途徑。這並非意味，這種途徑總是會導出客觀的正確結論來，蓋此途徑乃一如塔蒙（I. B. Talmon）所說的試誤過程。所以，此途徑，經由不斷相反對的控制和批判，給（相對）正確的政治路線提供一最佳保證，而該政治路線則是在國家中有效的政治勢力間的合成及平衡。依此，則持各種不同政治見解的代表者，必須擁有組織政黨的機會，以便爲實行其政治見解而能爭取選民的支持。」

憲法上的「民主」，絕非「無產階級專政」的「人民民主」

在上面這段引文裡，西德聯邦憲法法院首先確認「自由民主的憲法秩序」是承襲——以一七八九年法國大革命所開展出來的「人及公民的權利宣言」爲基礎的——「自由法治的民主體制」，而有別於共產黨所謂的「人民民主」、「無產階級專政」的「真民主」。而有關多黨制及組黨自由也必須從法國大革命所揭櫫的自由民主體制來予以解釋。以共產黨的無產階級專政理論，爲了防止資產階級復辟，根本不可能允許與——以廢除私有財產制爲主要改造方案的——共產主義相左的見解的存在，遑論非共，甚至反共政黨成立的自由，就這點來看，我國憲法第一條之「民主共和」亦應做同樣的解釋，再衡諸當前的國情，執政當局也的確持此看法，即憲法上的「民主」，絕非「無產階級專政」的「人民民主」。那麼，如果吾人仍自認爲民主國家，無論國情如何，必定是脫離不了法國大革命以來的民主模式——代議民主政治了。

其次，西德聯邦憲法法院試圖自意見表達自由（即我國憲法第十一條之「言論自由」）導出組黨自由之權利。蓋言論自由仍人格在社會生活中最直接的表現，因此，也是最重要的人權之一。一個人如果不能就其在社會生活中的意見、感受表達出來，而須處處壓抑，則吾人無法想像這個社會如何可以去發掘黑暗面並予以改善，更無法想像個人如何還能依其自己選定的方式，追求幸福，發展自己的人格。因此言論自由（不論該言論在客觀上正確與否）成爲一切文明國家所承認的基本人權之一。

假使一個人有表達意見的自由，而不允許他有爲實現此意見而有所做爲的權利，那無異是一個虛有其名的「基本人權」罷了。因此，只要吾人承認，人有表達意見的自由，吾人也必須承認，每個人均有爲實現其意見而有所做爲的權利。設若此意見爲關乎公共生活者，則對公共生活之評價持類似見解的人自得相與結合，並爲實現此共同見解而從事必要的活動，此即組黨自由爲基本人權之理由也。

否定組黨自由，無異賦予既有政黨「合法壟斷統治權」的特權

此外，在一個多元的社會裡，各種不同（甚至相矛盾）的社會利益不可能由同一政黨來代表。如果爲求政治安定而强令只由一政黨來代表一切的社會利益，則必會產生一黨專制的後果，而受忽略的社會利益終究會轉爲一股反體制的破壞力量，則欲求政治安定，反不可得。同樣地，如果爲求政治安定，只允許由現存的幾個政黨來代表一切的社會利益，而不允許另組新黨，來反應遭受忽視的社會利益，則固然是名爲「多黨制」，卻否定了組黨自由，這無異賦予既存政黨以「合法地壟斷統治權」的特權，這將逼使要求組黨不遂的社會力量轉化爲反體制的破壞力量，這正是目前黨內外對峙的最佳寫照。

不承認「組黨自由」的「多黨制」乃「假象的多黨制」。蓋多黨制乃以多元社會爲前提，確認社會變遷的加速將使社會利益多元化，如若現有政黨不能充分反映

出社會脈動，則新的、被忽略的社會利益的代表者，自得籌組新黨，以便以合憲的方式，實現自身的政治見解。西德的「綠色團體」（俗稱「綠黨」）即是八〇年代最好的例證，它代表了和平、反核、環境生態保育、保護經濟上的弱者……等政治主張。

一切的爭議，要在憲法及其所依據的學說和歷史找答案

綜上所述，我國憲法雖未直接就政黨的地位予以規定，然而卻可從行憲後，各民主國家共同一致的立憲或修憲方向，確認「組黨自由乃基本人權」。再者，就法理上言，我國憲法，一如各民主國家，承認「言論自由」，則依其內在邏輯，亦必承認組黨自由，方爲合憲之解釋。尤須强調者，「人權」絕不以在憲法上明定者爲限，蓋人權之成文化、法典化恆以人權之遭國家公權力之蹂躪爲前提。譬如，在我國傳統上宗教自由並不重要，因極少有宗教迫害發生，而西歐諸國，自宗教改革以來，宗教之迫害無日無之，且較中世紀之迫害範圍爲廣，因此乃有宗教自由、良心自由爲基本人權之宣示。反之，在英、美兩國，兩百餘年來，政黨活動及組織之自

由，已蔚爲國家生活之一環，習以爲常，極少有執政黨以不正當方法迫害在野之反對黨者，因此，亦無必要將組黨自由形諸於成文憲法上。反觀，西德、義大利兩國均經歷納粹及法西斯之獨裁統治，慘痛經驗，斑斑可尋，而法國亦飽嘗戴高樂之强人政治，因此乃有憲法上明定政黨地位之必要，甚至宣稱組黨乃「所有公民的基本權利」。我國向無民主政治的傳統，在政治上對異己的迫害，早已見怪不怪，自孫中山先生創建民國以來，即努力於民主建設，政治民主是全國人民的願望，這是時代的潮流。近日來，黨外公政會核准幾個地方分會的申請案，即招致執政當局的過激反應，這亦促成了海外臺灣同鄉們組織「臺灣民主黨建黨委員會」，在如此錯綜複雜的政治環境下，是否各方願意稍加冷靜下來，一起來維護憲法的尊嚴——一切的爭議，要在憲法及憲法所依據的學說及歷史裏找答案。

——一九八六年

論行憲下政黨相處之道

反對黨的制衡是現代民主政治運作的前提。然而朝野相互對峙，非為殲滅對方，而是依循權力分立原理，運用理性、不斷地與對方進行詰難。唯有秉持寬容的心態，尊重其他政黨的存在，多元的政黨政治方可確立，各個社會階層的利益也才能充份受到保障。反觀當前朝野政黨間諸般不理性的對抗，問政品質低落，朱高正彼時言論，愈見可貴。

去（一九八五）年十二月廿六日「黨外公職人員公共政策研究會」開會決議將其全名中的「公職人員」刪掉，易名爲「黨外公共政策研究會」，以放鬆入會資格，擴大參與層面；同時，並通過各縣市黨外公政會分會的設置辦法，以期落實基層，凝聚民意，爲黨外組黨舖路。消息傳出，國民黨當局以極爲强硬的態度，反對公政會爲組織新黨所做的準備，並一再地引用戒嚴法第十一條有關「戒嚴地域內，最高司令官有停止集會結社之權，必要時並得解散之」之規定，軍事統治之傾向一度佔優勢，而最近（四月廿四日）則經由報端透露另一種看似較爲和緩的訊息：「有關方面」不再援引戒嚴法，而宣稱將依刑法第一百五十三條，有關「煽惑他人違背法令，或抗拒合法命令」之規定來處理公政會成立地方分會一事。然而，國民黨當局之反對公政會爲組織新黨而所採行的頗爲溫和而漸近的擴張方式，卻仍一如往常，頑强而堅決。固然，國民黨不提戒嚴法而只引用一般刑法規定的改變值得鼓勵。但是，組黨之不被允許，甚至被惡意攻訐，則顯非國家之福。因此，本文擬就下列三點來論述行憲下政黨相處之道。

一、多元社會要求多元的政黨政治。

二、反對黨與執政黨的對峙乃權力分立的新樣態。

三、政黨間的鬥爭不是殲滅戰且必須使用正當的方法爲之。

德國著名的法哲學家，賴德鋪路（G. Radbruch）曾指出隱藏在政黨概念中的一個「二律背反」：一方面，政黨是以支配國家生活的全體爲目的；但另一方面，它卻必須保持在全體中的一部份而已。亦即，政黨是以執掌政權爲目的，以便全面支配國家生活。但它卻必須承認其他競爭者的存在，它不該排擠其他競爭者，以造成持久壟斷政權的效果。這種「二律背反」正是多元社會在當今政黨政治中的最佳寫照。誠如賴氏所言：「國民精神只有在互相矛盾的各個政黨的訴求裏，才能真正充份地展現出來。」

蓋自工業革命以來，社會結構日趨複雜，社會變遷亦因之加速，各種利益團體間的衝突也日益頻仍，傳統的君主國家（即「天下大一統」）的觀念在應付這些新問題上，處處顯得捉襟見肘。後來不得不承認將「社會」從「國家」中分離出來，認爲「國家」是「全體人民」的共同結合體，有共同的利益、法律和威權；而「社會」則是「部份人民」的結合體，在「社會」裏，各個人或各個團體可以在某一程度內享有自治、自決的權利，以追求其所自定的目的。換言之，國家公權力不得全面支配社會生活，它甚至需要尊重並保障發展社會生活所必須擁有的「自由空間」，並容許社會上有分歧、有對立、有競爭，且應滿足使上述社會成爲可能的法律上的條件。這可歸結爲一句話：「國家統一，社會衝突」。既然，國家與社會有異，則國家自可超然於對立、衝突、爭論之外。而各種不同的社會利益則顯然也不可能由某一政黨「真正並充份地」表現出來，這就是政黨只能停留在全體中的一部份的理由。由此可知，工業革命以來，社會多元化，乃是多黨體系的先決條件。只有多元的政黨政治才能充份反應出多元的社會利益。因此，多黨制乃是現代民主政治的第一特性。

反對黨與執政黨的對峙乃權力分立的新樣態

强有力的反對黨乃代議民主政治有效運作的先決條件。一個國家如果缺乏强有力的反對黨，則執政黨可無視於反對人士的批評，我行我素，面對反對人士亦感受不到任何制衡的壓力，更甭提政權轉移的可能了！長此以往，必定專擅有加，而排擠、迫害政治上的反對者，成爲名符其實的「一黨專制」。此時政黨已不再是「全體中的一部份」，而是唯一支配全體的力量了，這就成爲有似「國教」的「國黨」。而「國黨」是根本不承認其他政黨的合法性的，它不能容忍任何有競爭能力的政團威脅它的統治權，這種黨根本不是民主國家的政黨。誠如著名的憲法學家萊布霍茲（G. Leibholz）所言：「沒有其他政黨並存的黨，根本不能稱之爲黨，只有在多黨體制的政黨，才能稱之爲黨。」是以傳統的權力分立原理由行政、立法兩權的相抗衡，隨著政黨政治的發展，一轉而爲執政黨與反對黨的相對峙，這無異是權力分立原理的新樣態。

政黨間的鬥爭不是殲滅戰

賴氏的見解有兩句話尤其發人省思：「政黨的鬥爭並非……殲滅戰，而是與持有不同意見的人士做辯難」；「務必要尊重黨的敵對者，對他只能使用正當的方法來鬥爭」。這充份顯現出，在民主政治下的政黨鬥爭，必須以寬容爲之。政黨間的鬥爭之所以不是殲滅戰，乃是基於多黨體系的要求而來。設若殲滅戰是政黨鬥爭的本質，則終必導致一黨獨存的局面：而出現這種「國黨」之時，「政黨政治」即不復存在；而民主政治，因無政黨間之制衡，亦將由專制極權政治取代。因此，在民主政治中的政黨鬥爭絕不是殲滅戰，而是不斷地與持異議者進行辯難，以「理」代「力」互相牽制，以反應各種不同的社會利益。此外，對政治上的敵對者應予尊重，蓋唯有尊重對方，一場理性的辯難才有可能。同樣地，亦唯有尊重對方，一場血腥的殲滅戰才能避免。之所以要尊重對方的理由，乃建立在民主政治的基本人性觀上——人是會犯錯的。在鬥爭中，各方堅持己見之餘，不該排除其自身見解有錯誤的可能。蓋人非聖賢，孰能無過？而極權政治則反是，統治者自許爲正義的替身，人民利益的保護神，事無鉅細，責任一肩挑。在愚民教育的推波助瀾下，誰會懷疑英明的統治者也可能犯錯呢？然而，一旦果真犯錯，輒以缺乏制衡力量，不可收拾。誠如波普（K. R. Popper）所說：「只有偉大的人物才能犯偉大的錯誤。」希特勒的屠殺六百萬猶太人，毛澤東的文化大革命也犧牲了上千萬的中國人，不是最好的例證嗎？因此，由「人是會犯錯」的人性觀，導出尊重持異議者的寬容心態，這正是民主政治的砥石，至於對政敵鬥爭須採正當的方法，則是尊重持異議者的表現，自不待言。

——一九八六年

黨外組黨應有的覺悟

——給國民黨的最後通牒

一九八六年黨外組黨之勢已如箭在弦上，國民黨當局卻欲橫加阻撓。面對國民黨的無理挑釁，朱高正以精湛的憲政理論，重申黨外組黨爲憲法明文賦予人民之自由，並警告國民黨必須順應輿情，開放黨禁。後來在朱高正臨門一脚的努力下，黨外終於在九月二十八日組黨，政黨政治終於露出曙光。

今（一九八六）年八月六日晚間中視新聞播出國民黨政府新聞局長的談話，謂「黨外公共政策研究會」（簡稱「黨外公政會」）如不登記，將依法處理。

同日，自立晚報第二版頭條新聞透露，「執政黨有關人士對黨外公政會首都分會即將舉行的組黨促進說明會表示關切。」

據悉「組黨促進說明會」將不再討論該不該組黨的理論問題，而是要討論何時組黨，如何組黨，以及如何將不同意識型態的黨外整合在一起……等實際問題。這種棄卻「坐而言」，强調「起而行」的組黨心態，讓國民黨統治當局大爲恐慌。因此，除了表示嚴重關切外，並透過「有關人士」指出，「黨外人士目前從事組黨的行動，可能會超過執政黨能容忍的範圍」云云。

衆所周知，黨外公政會是目前黨外最具代表性的黨外團體，它已具備政黨的雛形。將來黨外組織，無疑地，將以黨外公政會爲骨幹。然而國民黨政府卻口口聲聲指責黨外公政會之成立「無法律依據」，非逼黨外公政會以一般社團名義登記，並納入國民黨內政部之管轄不可。更由於黨外公政會深具組黨潛力，國民黨乃千方百計，絞盡腦汁來阻擾黨外公政會的發展。

黨外組黨，憲法有據

面對國民黨無理的挑釁，首先，我們要嚴正地指出，黨外公政會的成立根本不須要有法律依據。因爲，它有憲法上的依據！依照我國憲法第十四條規定，人民有集會及結社之自由。而公政會由於具有政黨的屬性，因此，它不是一般的結社，它是一種「政治的結社」。而在一般民主先進國家裏，對「政治結社自由權」的保護遠周密於「一般結社自由權」。以西德爲例，以政治結社爲目的的政團，除非經聯邦憲法法院宣判爲違憲，否則立法、行政兩權與普通一般司法機關均不得予以取締。易言之，立法機關不得制定法律限制政治結社自由，這就是黨外政團之成立不必有法律依據的理由。

其次，黨外政團是當今臺灣唯一有能力與國民黨相競爭的「實質政黨」，然而國民黨卻視黨外如寇讎必欲去之而後快，這種心態是「前民主」、「反民主」的心態。從政黨發展史來看，統治者對異己份子所組織的政黨，最早所抱持的是「否定」的態度，隨著工業發展，社會變遷加速，擁有投票權的人口不斷巨幅增加，統治者對政黨的態度就轉爲「容忍」、與「承認」、「合法化」，甚至予以「制度化」，即在憲法中對政黨賦予特殊地位，加以保障。反對黨儼然成爲代議民主政治不可或缺的要素。易言之，如若統治者反對「反對黨」成立，那就是統治者意圖壟斷統治權。這種態度本身就是反民主的，前民主的。

而國民黨政權一而再，再而三地反對黨外組織，反對黨外公政會及其分會的成立，這其實都只是國民黨藐視憲法，出賣「民國」理想等反民主心態的自然流露而已。在這麼一個保守而反動政權的高壓統治之下，黨外想要組黨談何容易？這其中心隱藏著一個兩難問題。

如果國民黨政權，仍然頑冥不化、一意孤行，不擬開放黨禁，仍在貫徹其「黨外無黨，黨內無派」的反動政策，則它根本就不是「黨」，而是不折不扣的「幫派」。面對這種不知民主爲何物的幫派組織，是不可能以和平、講理的方式來和它競爭，對它只有使用「以其人之道、還治其人之身」的暴力革命方式，方能將這個幫派消滅掉。但是，隨之而來的是代國民黨而起的另一個幫派，如此，台灣將陷入萬劫不復的暴亂深淵之中。

開放黨禁有助民主憲政的良性發展

如果國民黨政權願意俯順時勢，漸次開放黨禁，則將因黨外的競爭，促使其內部民主化的加速，這也將有助於黨外內部更進一步的整合，兩者相激相盪的結果，亦將促成民主憲政的良性循環，亦即國民黨將漸次脫離幫派色彩，而逐漸成爲民主憲政體制下的「政黨」。對黨外而言，也將漸次脫離「純抗議」的色彩，而不再以「受迫害」的形象來向選民訴求，轉而逐漸擬具出更富建設性的政治主張，來爭取選民的認同，並隨時準備負起接掌政權所應承擔的政治責任。

我們深知，後一條路是通往和平、自由的康莊大道，但是卻只有大智慧的人才會選擇它。前一條路則是通往永無休止爭戰的淵藪，卻是任何受私慾蒙蔽的人所難以規範的死胡同。我們要正告國民黨，今天黨外的舵手未必有大智慧，國民黨如果想避免玉石俱焚的悲劇，那就只有一條路——開放黨禁。

——一九八六年

黨外組黨前應有的自我要求

一九八六年中，黨外各界均體認到合組政黨的必要性，卻對新政黨未來的型態莫衷一是。朱高正認爲黨外人士應以建立一個對内民主、對外寬容的「競爭性政黨」自許，才能將台灣政治推向良性的發展。因爲一個内部不民主的政黨，即使執政，也不可能實行民主政治。

這陣子，黨外內部興起了一股組黨的熱潮。先是今（一九八六）年五月三日黨外公政會總會邀請朱高正就「行憲與組黨」發表專題演講，接著七月初黨外公政會臺北縣分會又發起「臺北縣組黨拾萬人簽名運動」。八月九日首都分會也假金華國中，舉辦了一場「組黨促進說明會」。八月十五日黨外公政會與黨外編聯會更在中山國小合辦一場上萬人的「行憲與組黨說明會」。八月十六日臺北縣分會亦假新莊國小舉辦一場上千人的「行憲與組黨說明會」，據悉，八月廿三日臺北縣分會又將在板橋舉行一場組黨說明會……。這在在說明組黨的要求已經成爲目前黨外共同的迫切願望，也反映出國民黨頑固的黨禁政策正面臨著前所未有的挑戰。

但是綜觀多次的說明會，仍然看不出將來黨外要組的新黨是那一種型態的政黨。在傳統獨裁國家，向來是採單一獨大政黨制度，諸如國民黨。在社會主義國家，則亦以共產黨爲主導性政黨，殊難有能與共產黨相競爭的黨產生。上述這兩種型態的政黨，吾人可稱之爲「壟斷政權的政黨」或「非競爭性政黨」。如果黨外民主運動所追求的是承襲法國大革命以來的自由民主立憲主義的傳統的話，那顯然，黨外所追求的絕不是建立一個像國民黨或共產黨般的「非競爭性政黨」，黨外要建立的毋寧是一個「競爭性政黨」。

「競爭性政黨」對內民主、對外寬容

一個「競爭性政黨」的特點在於對內强調黨內民主，對外强調各個政黨機會均等，自由競爭。這種「競爭性政黨」概念與國民黨所强調的「黨內無派，黨外無黨」，恰好成爲一强烈而鮮明的對比，而這也正是今天黨外組黨的瓶頸。試想一個向來堅持「黨內無派，黨外無黨」的「非競爭性政黨」如何可能來容忍一個敢公然向它挑戰的「競爭性政黨」呢？歷史一再告訴我們，能夠取代「非競爭性政黨」的，往往是另一個「非競爭性政黨」，其所採用的方式，大多是以秘密結社來搞地下組織的革命團體。如今，黨外主張採用非暴力方式，來向國民黨的黨禁政策挑戰，除非出現奇蹟，否則，大概也將免不了以悲劇性的犧牲來落幕。所謂「奇蹟」，是指未來的黨內外互動關係出現決定性的轉機，諸如國民黨決策當局突然頓悟，或是國民黨內部的開明勢力異軍突起，或者黨外出現有大智慧的領袖人物……等。

但是，無論如何，可以確定的是，黨外一定要組織一個「競爭性政黨」，如此，未來才有光明的民主前途可言。否則，又將陷入那惡性循環的極權統治的夢魘中。去除了一個反動的國民黨，又來了一個本質上與國民黨並無兩樣的「非競爭性政黨」，這點是所有關心臺灣未來政治發展的有心人士必須再三注意的。

因此，目前黨外在一片高喊組黨聲中，尤應冷靜地反省下列兩點：

⑴對黨外內部持不同意見者，是否有予以足夠的尊重和寬容，而不是一味地予以批鬥和醜化呢？

⑵對國民黨內部的開明派或自由人士，是否能予以格外的尊重與寬容，而不是一味地予以排擠或輕視呢？

上述兩點分別意味著「黨內民主」和「政黨競爭」，只有兼具「黨內民主」和「政黨競爭」的黨，才是黨外今天應該去建立的黨。之所以要「黨內民主」，乃是要避免「黨內獨裁」發生，一個內部沒有民主的黨，執掌了政權之後，是不可能實行民主政治的。

同樣地，之所以要「政黨競爭」，就是要避免因缺乏競爭而造成一黨獨大的現象，獨大的政黨極易腐化，乃是不爭的事實。對持不同政治見解，不同政治立場的人士或政團，予以尊重、寬容，正是實行政黨政治的先決條件。

政黨競爭講「理」不講「力」

政黨間的競爭，是各自以「理」去爭取選民支持的君子之爭，絕不是「有我沒有你」，講「力」不講「理」的殊死決戰。黨外所反對的「國民黨」，是那個一直想永久壟斷政權，不許有挑戰者的「國民黨」。黨外所反對的「國民黨」，是那個藐視憲法，背叛民國的「國民黨」。如果國民黨內有開明派或自由派，願意將國民黨改造成尊重憲政秩序的民主政黨或「競爭性政黨」，那他們不但不是民主政治的阻撓者，甚且是民主政治的推進者，縱然他們的政治立場或見解與黨外有很大的差異。在憲政秩序下，他們不折不扣是黨外的和平競爭者，他們和黨外同樣是實行民主政治所不可或缺者。

黨外要組黨，那就應先培養對持異議的人士格外地尊重並寬容的雅量，只有靠著「尊重競爭者」與「寬容不同的意見」，黨外才能成爲一個真正「競爭性政黨」！

——一九八六年

辯證邏輯與民主政治

——替「反對黨」的成立說句公道話

在民主國家，執政黨爲其既定政策辯護，「爲贊成而贊成」；反對黨則近乎吹毛求疵地「爲反對而反對」，此種正反雙方相互辯難，以求在選舉中爭取更多選民支持的設計，其實，是建立在「正」、「反」、「合」的辯證邏輯之上。對於反對黨所扮演的反方角色，我們應予以肯定。因爲，一個強有力的反對黨存在，正是理性在政黨政治上的必然要求。

自古以來，哲學家就一直在探究思維的方法，期能使自己的思想更加嚴謹、周密，這門研究思維方法的學問，稱爲「邏輯」（Logic）。「邏輯」這個字源自希臘文「Logos」，原意是「字詞」、「談話」、「語言」，後來則泛指「思想」、「概念」、「理性」、「法則」等。

在「邏輯」裏，又有一門學問叫做「辯證法」（Dialectic），國人對「辯證法」多有誤解，由於常年受到制式的反共教育影響，一提到「辯證法」就聯想到「共產黨」或「歷史唯物論」。其實，「辯證法」不僅是非常重要的一種思維方法，古希臘的大哲學家柏拉圖甚至還稱它爲「最高的學問」呢！

「辯證法」這個字也是源自希臘字，其原文爲「dialektike」，意爲「對話的藝術」，希望藉著對話來釐清概念。亦即當正反雙方對某一概念瞭解不同時，則經由雙方的對立（各持己見之餘，攻擊對方的見解），而各個指出對方不夠周延的地方，進而求得對爭論中的概念更高一層次的綜合與瞭解。易言之，經由對自身所支持的命題（「正命題」或「反命題」）的徹底辯護，與對「對立命題」的徹底攻擊（即由「正命題」來攻擊「反命題」，舉證說明「反命題」何以不能成立；或是由「反命題」來攻擊「正命題」，舉證說明「正命題」何以不能成立），而得到一

「綜合命題」。此「綜合命題」可以包容「正命題」與「反命題」之所長，而揚棄「正命題」與「反命題」之所短。

「正」、「反」、「合」的辯證邏輯

柏拉圖的對話錄中，不斷地運用辯證法，經由蘇格拉底之口，來與詭辯學派辯論「什麼是正義」、「什麼是善」，即是最好的例子。經將這種對立的雙方，內化到一個人的思維歷程裏，即產生「正」、「反」、「合」的辯證效果，復以此「合」爲「正」，再產生「反」、「合」，如此，生生不息，對吾人先前持有的見解，可以具有更大的批判力，而使得吾人的思想更加周密、嚴謹。這種「正」、「反」、「合」不斷重演、反覆的過程，也正好反映出「理性」從事於思維活動的必然程序，只有經由這種辯證的思維方式，吾人方能儘可能地從各角度、立場來周延地從事思維活動。

上述這種純理論邏輯的關係，運用到實踐性的生活領域，也常常發揮了出人意表的效果。首先，筆者想舉現在通行各國的司法制度爲例，來說明它。在普通的民事案件裏，都有原告與被告兩造，再加上一個聽訟的法官。在整個訴訟過程中，原告與被告必須能夠充分發揮防禦自己、攻擊對方的能力，這種訴訟方屬公正。此外，如果自始被告即坦承自己理虧，或是自始原告即願意撤回告訴，則該訟爭案件根本無法成立。必也原告認爲自己的權益已遭被告不法侵害，而被告則堅決否認，如此方能形成衝突，而有訴諸法庭裁決的必要。

在法官下裁決前，通常會開辯論庭，讓原、被告兩造充分站在各自的立場，來防禦自己、攻擊對方，這就好比辯證法中的「正命題」與「反命題」一樣。我們切不可迫不及待地要求任何一方，「理性地」坦承錯誤，而應任他們就對方的攻擊盡量辯解，並提出對其自身有利的證據來防禦，或提出對對方不利的證據來還擊。總之，就是希望任何一方均能盡其所能去證明自己無辜或受不法侵害。至於「理性的判斷」，則由法官在聆聽正、反雙方充分防禦、攻擊之後，再下決定。也就是說，在原、被告各提出「正命題」與「反命題」後，雙方應就其所提命題去充分演繹、論證，然後，再由法官來下「綜合命題」。這就是「正」、「反」、「合」在訴訟程序中的落實，也正是孔子所說的：「攻乎異端，乃得乎中」。

上述這種法庭的審理程序被認爲最爲合理，也是最能確保訴訟當事人權益的司法制度。這種辯證法的架構也在現今的民主政治中扮演著不可或缺的角色，那就是落實在政黨的競爭之上。二十世紀（尤其是二次大戰）以來的民主政治，事實上，是不折不扣的政黨政治。吾人已無法想像，在一個高度工業化的現代社會裏，沒有政黨的民主政治如何可能。

古典的民主政治理論是建構在權力的相互制衡上面，洛克和孟德斯鳩都認爲「權力」集中，則人民的「權利」就沒保障。因爲「權力」集中，擁有「權力」的人必會濫用「權力」，侵害人權。而只有「權力」才能克制「權力」，「權力」之間如果能夠相互制衡，則「權力」就不致絕對化，人民的「權利」就不會因公權力的濫用，而遭到不法的侵害。依照古典理論，權力的分立就是司法權的獨立，以及立法權和行政權的相對抗。然而，後者在一個施行內閣制的國家，並無重大意義。因爲，政府（行政權）本身就是由國會（立法權）中多數派所組成的。易言之，在內閣制國家，立法、行政兩權非但不對立，甚且是一體！

執政黨與反對黨間的制衡

因此，上述這種古典的民主政治理論已經站不住腳了。然而，現代的民主政治理論還是講「制衡」，所不同的，只是將古典的「政府與國會間的制衡」轉化成

「執政黨與反對黨間的制衡」而已。也正因爲如此，一個沒有强有力的反對黨的國家，不能稱之爲民主國家。因爲，假使沒有一個强有力的反對黨與執政黨相對抗（必要時，甚至可以取而代之）的話，那麼，執政黨大可爲所欲爲，肆無忌憚，則人民的權利就毫無保障了，這就是爲什麼今天大家稱民主政治爲政黨政治的理由所在。

由政黨政治的角度，來省察現代民主政治的運作過程，我們就可以得知，基本上它是建立在辯證邏輯的架構上。執政黨必須隨時爲其既定的政策辯護，並反擊反對黨的批評。這種「爲贊成而贊成」的心態，正好是辯證法中「正命題」的顯現。當「正命題」被提出後，「反命題」隨即出現，那就是由在野的反對黨所提出的主張。反對黨的職責，就是不時地針對執政黨的舉措施爲予以幾乎吹毛求疵的批評，並提出其他的選擇方案。易言之，面對執政黨的政策，反對黨的職責就是「爲反對而反對」。

在這兒，我們絕不能過早要求爭論中的雙方（即執政黨與反對黨）要客觀、要理性，因爲政黨政治本身就是建立在黨派性上面。「政黨」（Party）這個字源自拉丁文（Pars），原意就是「部分」的意思。如果這個「部分」太早變成「整體」，則這個「部分」自始即根本無法存在，更談不上去掌有政權了。讓執政黨「爲贊成而贊成」地去替它自己的政策辯護，也同時讓反對黨「爲反對而反對」地去抨擊執政黨的政策。亦即讓爭論中的正、反雙方儘量去「鑽牛角尖」（即「攻乎異端」），讓他們淋漓盡致地去發揮其主張和見解。至於所謂「理性的判斷」則由「輿論」或「民意」來下，最重要的，當然是在國會大選中由選票來決定孰是孰非（即「乃得乎中」）。

選舉的結果就是某一時段民意綜合正、反雙方的論證後所做的抉擇，這就是辯證法中的「綜合命題」。此時勝方固然喜於贏得選舉而得以掌握政權，敗方也將因已充分表達其意見，也已盡其所能來爭取選民的支持，而無怨言（要怪的，可能只是怪自己所採用的策略不當）。獲得多數民意支持的勝方，即可組織政府，成爲新的執政黨。每一個新組成的政府，都是代表某一階段，各種不同「正」、「反」意見相辯難之後，所產生的一個「合」，然後再以這個「合」爲「正」，來賡續這個無窮盡的辯證過程。這也正是德國當代著名的法哲學家賴德鋪路（G. Radbruch）所說的：「國民精神只有在相對立、甚至相衝突的不同訴求中，才得以充分地展現出來。」所謂「充分地展現出來」的「國民精神」就是「綜合命題」，就是那個

「合」；而那些「相對立、甚至相衝突的不同訴求」正是「正命題」和「反命題」，亦即代表執政黨的「正」以及反對黨的「反」。

攻乎異端，乃得乎中

就像辯證法中的「反命題」一樣，它使一個「正命題」可以跳躍到更高層次的「綜合命題」。易言之，「反命題」賦予「正命題」前進的動力。在現代民主政治中的「反對黨」所扮演的角色，也正是以「攻乎異端」、「爲反對而反對到底」的執著，來督促執政黨，希冀有一個代表更廣泛民意的新政府。換句話說，「反對黨」在一個現代民主社會裏頭，正扮演著積極的角色，只有反對黨才能促使政治的澄清與進步。是以我們不但不該批評反對黨「爲反對而反對」，其實應該鼓勵反對黨「爲反對而反對到底」。因爲，一個强有力的反對黨的存在，正是理性在政黨政治上必然的要求。如果我們真要建立一個自由民主法治的現代化社會，那就讓我們以一顆平常心來期待第一個反對黨的誕生吧！

——一九八六年

政黨政治的省思與展望

——台灣如何走向政黨政治之路

自民國肇建以來，我國並未眞正落實政黨政治。在台灣，國民黨長期專政，不容反對黨存在，而終在民主運動的狂瀾下，開放黨禁，政黨政治漸露曙光。雖然我們在政黨政治上起步較緩，但畢竟還是踏上了正軌。在本文中，朱高正分別從歷史背景、台灣的現實條件、西方的理論與實踐各方面來闡述政黨政治的前景，期許各黨派人士在自由民主法治的立憲主義基礎上，健全政黨政治，以開創台灣民主政治之閎規。

「民主政治即政黨政治」雖說是一個人盡皆知的命題，然而自從民國肇建以來，國人對政黨政治不僅缺少瞭解，甚且還多少存有排斥的心理；雖有孫中山先生一再的澄清解釋，然終因民國初年的多黨林立、政爭不斷，軍閥據地稱雄、殺伐不斷，而使國家瀕臨覆亡的危機。是以國人在國民政府率軍北伐，統一全國之後，對政黨政治一直是持否定的態度。加以我國傳統上受儒家「德治」（道德統治）觀念的影響，更使得政黨政治頗難爲國人所接受。復又因日本軍國主義發動侵華戰爭於前，而共產黨興兵作亂於後，使得整個國家長期陷入內憂外患的深淵之中，其時强調舉國一致、攘外必先安內的呼聲不絕於耳，這種種對於一個健全政黨政治的形成，毋寧說是極其不利的。

民國初年，雖說政黨林立，然而各個政黨不論就其黨綱、政策觀之，均無重大差異；其訴求重點不外是內求國家統一、外抗强敵；雖則偶爾亦有以落實民主政治，推行社會福利政策相號召。其時的政黨僅是徒具其名，說穿了祗不過是一羣政客黨同伐異，遂行爭權奪利的工具而已。難怪乎他們無法得到當時民衆的支持，而使得軍閥有機會干預國政。迨北伐以還，雖說全國統一，然而內亂不斷，國民黨與共產黨不僅是處於武力鬥爭的階段，甚且連民、青兩黨亦長期的被視爲非法政黨。

盧溝橋事變之後，爲了抵抗日本帝國主義的侵略，舉國上下一致抗日，就一直以國民黨爲主導力量。抗戰勝利後，接著共產黨興兵作亂，全國即進入動員戡亂時期至今。易言之，自民國成立以來，我國並未真真正正的實行過政黨政治。

在我國傳統的德治觀念之下，老百姓對於統治者的期待總是「作之君，作之師」的典型家長式統治觀。而統治者亦是以牧民的思想，抱持著「民可使由之，不可使知之」的觀念。在統治秩序上侷限於統治者將全國民衆視爲未成年子女，而以大家長自居，否定了人民有自治、自主、自律的能力。基本上，統治者不放心由他的未成年子女來做決定，因爲深恐他們走錯了一步。換言之，權力緊緊的掌握在統治者手中，不敢下放。統治者的一言一行，均應爲民衆的表率，而人民對於統治者也祇有唯唯諾諾，頂多最激烈的抗爭也僅止於屍諫而已。整個國家的政治生活，充份感染上一層濃厚的倫理色彩。這種君民的統治關係，祇不過是父子倫理關係的延續，而此種思想背景對於政黨政治的形成，毋寧說是最大的障礙。

台灣已具備施行政黨政治的條件

所幸在這三十多年來，台灣出現了相當時期的平穩局面；尤其是近二十年來，經濟一直能保持高度的成長。工業化帶動了都市化，在在衝擊著原來以農爲主的傳統社會結構。整個就業人口當中，農民所佔的比例由開始的百分之五十幾降至現今的百分之二十。這反應出整個社會愈來愈明顯的趨向多元化；社會多元化後隨之而來的社會流動，不僅在橫向上產生戲劇性的效果（一個沒落的地主子弟，可以一躍而成爲產業界的鉅子）。在縱向上也强有力的衝擊著傳統的社會結構，在一定的程度内，個人可以憑藉著自己的勤奮、學識與機運來大大地提昇自己的社會地位；反之，原本甚具威望的世家，也可能因爲没有辦法適應新局而驟然没落。這種巨大的社會變遷，搖撼了整個社會結構，更進而對傳統的價值產生重大的衝擊；再也没有那種無所不包、無所不容的價值體系可以長久地宰控人民的思想，再也没有任何一個政黨可以要求全民無異議的支持。顯然政治上偏安的局面、經濟持續的成長，社會變遷的加速，以及國民教育水準的普遍提高，都已經爲政黨政治鋪下了坦途。

然而國民黨由於久居其位，缺乏强有力的反對黨抗爭，因此少有承受過來自民間的輿論壓力。因此國民黨對於社會的變遷，很難能主動掌握先機，率先改革。於是安於現狀，故步自封乃成了國民黨的特色，顯然它已喪失了其自我標榜的革命性格。這也說明了何以三十多年來，國民黨一再地不能容忍反對黨的成立。然而民主運動在前仆後繼、愈挫愈勇的努力下，終於能組成第一個真正的反對黨——民主進步黨（成立於一九八六年九月二十八日）。經由這一年來，立法院內外强烈的激盪，政黨政治漸露曙光。

在這一年多來，不論是國民黨或是民進黨，不論是一般民衆或是輿論界都付出了絕頂的智慧、勇氣、耐心和寬容，我們完成了幾乎祇有經由暴力革命才能成就的民主改革。這個事實告訴我們：台灣已經充分具備了施行政黨政治的先決條件。雖然我們的起步因國民黨的遲疑而慢了一點，但我們畢竟還是踏上了正軌。回顧過去、展望未來、如何建立健全的政黨政治來落實民主改革，毋寧是當務之急。

政黨政治的要義

政黨政治的要義乃是兩個以上的政黨，透過正當的手法來從事權力鬥爭，爭取選民的認同，以獲得多數選民支持的政黨來出掌政權，但同時也保障反對黨繼續批評執政黨政策及日後公平競爭的機會，使反對黨亦有可能在下次選舉時，獲得多數選民的支持而成爲執政黨的可能。這種和平輪替執政的設計亦即是政黨政治最可貴之處。

其實「政黨」這個概念本身就蘊含著一個兩難，政黨（Party）源自拉丁文Pars，即指「部份」之意，但是沒有一個政黨不以全面性地支配國家生活爲目的。即使如此，任何一個執政黨卻應確認它祇是整個國家政治力的一部份而已，雖則它所制定的政策能全面性地支配國家生活（Staatsleben）。假使一個政黨漠視了此點，那麼無疑意味著它對社會上其餘的「部份」（其他的「政黨」）將缺乏寬容，如此則政黨政治就不復可能。就好像德意志第三帝國下的納粹黨，全盤地壟斷了所有的政治權力，而成爲所謂的「國黨」（Staatspartei）。同樣地，過去三十多年來，國民黨對外排除了任何有可能與其競爭政黨的成立，對內則嚴禁黨員籌組派系，貫徹了所謂的「黨內無派，黨外無黨」的政策，而導致「黨國」不分。

須知政黨原始的目的乃在幫助國家建構國民總意志（general will），國民意志時常顯得雜多、紛亂、無常；祇有經由政黨才能使國民意志由雜多而漸趨綱領化，由紛亂而漸趨明朗化，由無常而漸趨穩定化。易言之，政黨具有整合民意的功能，政黨與選民之間存在著一種恆常互動的關係，選舉正是考驗政黨所代表民意的強度。如今，台灣已從傳統封建的農業社會進入現代多元的工業社會，沒有任何一個政黨可以同時照顧到各種不同的（甚至是相衝突、相矛盾的）社會利益。縱然每一個政黨均自稱是全民政黨，然而試問當勞資糾紛發生原則性的爭議時，那一個政黨可以均等地來照顧雙方呢?同樣的，當環境保育與經濟發展發生優先順序的爭議時，又有那一個政黨能規避表明立場的壓力呢?

在此筆者要强調，雖然祇有兩個以上的政黨才足以反映及代表多元的社會利益，但是政黨之間卻應彼此尊重對方存在的價值，任何的政治鬥爭均應在憲法的規範下，以正當的手段爲之，亦即是「社會多元、國家統一」的觀念。政黨所爭的乃是在爲其所代表的社會利益而爭，同時也是在肯定「憲法爲規範政治活動的最高價值體系」之下而爭，如此方能避免因黨爭而導致國家生活的全面割裂。

對保守派價值的重估

在此關鍵性的歷史階段，筆者要特別强調，現在應該是客觀的來重新評定保守派價值的適當時機。衆所周知，筆者一年多來，對保守派的抨擊不遺餘力，然而在此要說明的是，筆者所反對及所抨擊的，並不是保守派本身，而是保守派那種全盤地、排他地壟斷所有政治權力的反民主心態。如今，新興的開明力量由於久經壓抑，現正蓬勃地在上漲著，已然形成一股沛然莫之能禦的浪潮。當此之時，筆者有責任站在一個「人格自由主義」者的立場指出，歷史經驗告訴我們，在任何一個社會裡，保守派總是維繫社會安定不可或缺的一股力量，保守勢力之於社會就好比習慣之於個人生活。我們不可能今天把鑰匙擺在右邊的褲袋裡，而明天忽而把它放在左邊的衣袋裡，再兩天忽而又將它放於皮包裡；我們總是會習慣地把鑰匙擺在某一個固定的地方。這樣的習慣對吾人生活的安定有莫大的助益，祇要這個習慣對個人生活不會造成太大的不便，則沒有予以更改的必要。同樣的，祇要保守勢力不會對社會的進步或合理化造成太大的阻力，我們對其存在不僅應予寬容，甚至應該予以肯定，肯定其爲國家政治生活中，不可或缺的一股力量。

在國民黨內部正在審慎考慮施行黨內民主化之際，筆者很樂意提供個人對於政黨政治的淺見，來供關心政黨政治前途的朋友們參考。

揚棄「德治」的觀念

首先，筆者要鄭重地呼籲從事政治活動的各黨派人士，徹底揚棄「德治」的觀念。在引進政黨政治之初，我們就要將其植根在自由、民主、法治的立憲主義基礎上。政黨基本上就是在反映、整合及代表不同的社會利益，切莫過度地强調政黨的道德性或理想性，正如同過去儒家成爲中國政治思想主流的時代，以禮教殺人者時有所聞；同樣的，若過份强調政黨的道德性或理想性，則極易墮入法西斯主義的極權國家觀，或者是共產主義的「無產階級專政」裡頭，這均不是建立一個常態的政黨政治之福。

政黨政治相互制衡

其次，筆者更要强調，政黨成立的目的就是在於如何能夠取得政權，來達成其政綱與施展其政策。我們甚至可以如此戲稱：政黨抓權的方式，不是用「搶」的，就是用「騙」的。或許有人會認爲筆者如此的說法言過其實，在此我們祇要稍爲分析一下政黨政治施行已久，累積有相當經驗的西歐國家即可了然於心。一般而言，在西歐的國家裡大概都有三個主要的政黨：即右派的保守黨、左派的勞工黨及另外一個較小的自由黨。保守黨莫不是標榜「道德」、「傳統」、「安全」等理念，因此被馬克思主義者批評爲唯心論的政黨。然而事實上，把保守黨人士聚合在一起的，並不是道德、傳統這些唯心論的概念，而是土地、廠房。易言之，保守黨基本上是以大地主和大資本家爲核心，再加上附庸於其中在政治態度上未覺醒的民衆所組合而成。反觀勞工黨，他們成天所强調的是唯物史觀，以爲經濟乃是下層結構，由生產工具來決定生產方式，從而決定了生產關係及社會、政治、宗教及藝術等上層結構的「經濟決定論」。雖然勞工黨人士口口聲聲喊的是經濟或物質決定論，但是當我們撇開他們公開的訴求不論時，可以發現真正將他們結合在一起的是「平等」、「正義」、「兄弟愛」等唯心的觀念。由此可看出政黨所標榜的是一套，而其運作卻完全是另外的一套。因此當我們在觀察一個政黨及其所標示的訴求時，應謹記在心：政黨往往利用其訴求做爲政治宣傳的手段。

另一較小的自由黨則大部份是由一些醫師、律師、會計師、工程師、教授等所組成。他們一方面因大多是學有專精，不必依賴土地和廠房爲生，而不願加入保守黨；另一方面他們大都是受過良好的教育，自有獨立思考的能力，因此又不屑於馬克思的教條主義，而不願加入勞工黨。在一定程度上，他們顯現出浪漫而具有名仕派的風格。自由黨一向依偎在左右兩大黨之間，視利之所在來決定靠邊的方向，因此自由黨又常被譏諷爲騎牆派。由此亦可看出政黨所標示的理想或意識型態必須不斷的接受事實的檢驗，而不能信以爲真；而這種驗證的功夫又有待政黨間的相互制衡，才能常保政黨政治於不墜。

朝野分工奠定政黨政治之闕規

再者，朝野間也應該建立起碼的互信，大家應該有一個基本的共識：亦即執政黨應該隨時隨地爲貫徹其既定的政策，爲贊成而贊成到底；同時反對黨也應該爲質疑執政黨的既定政策，爲反對而反對到底。如此正反雙方均能站在各自的黨派立場，將其政治見解淋漓盡致地論證出來。就好比在訴訟程序裡，執政黨扮演被告的角色，反對黨扮演原告的角色，而選民則扮演法官，必也在充份聽取兩造的辯論之後，才由選民以選票來決定讓誰出掌政權，這就是在自由民主法治的立憲制度設計之下，朝野兩黨的分工，亦即是政黨政治的精義所在。

過去國民黨祇容許自己片面地爲贊成而贊成，卻不容許反對黨來爲反對而反對。國民黨本身一再地爲自己的政策做辯護之餘，卻苛求反對人士要理性，要溫和。這豈不充份暴露出國民黨苛於責人而寬以待己的反民主性格嗎？

當此之際，朝野二黨應有充份的共識，大家要分工合作，各自扮演民主法治的憲政體制所設計的法定角色，如此方能奠定我國政黨政治之闕規。

——《中國論壇》一九八八年三月

民進黨健全發展的危機

——對「新潮流」路線的初步批判

新潮流在一九八三年的批康事件中一舉成名。新潮流改革體制的激烈路線也因而在該事件中突顯出來。民進黨成立後，新潮流成爲黨内的兩大派系之一，並一度掌控了黨機器。在此情況下，一般公職人員，即使不同意新潮流的路線，也絕不敢攖其鋒。一九八九年六月，民進黨内派系鬥爭明朗化，朱高正在這時候對新潮流路線展開全面性的檢討。其實，這樣的批判檢討，對台灣各政黨是一個良好的啓示，即如何清楚面對、處理内部激進的派系。

一九八六年九月廿八日，民進黨在國民黨保守勢力的百般威嚇、刁難之下，毅然宣告成立，台灣的政治發展從此進入了一個新的紀元。社會各界對這一個新興的草根性政黨，莫不寄予殷切的期待，希望它能夠打破國民黨長期獨裁壟斷的局面，締造健全的政黨政治以落實民主憲政。果然，於該年年底所舉行的增額立委與國大選舉當中，民進黨以一缺乏地方組織的新興政黨，即一舉囊括百分之廿三的選票，攻佔十二席立委及十一席國大，隱然與國民黨形成分庭抗禮之勢。然而，「禍兮福所倚，福兮禍所伏」，這一個背負著社會大衆的殷殷期待並在草創初期即締造佳績的新興政黨，如今卻面臨了發展的重大危機：建黨迄今已快三年，不僅黨員人數無法大量成長，社會資源無法有效開拓，反而因爲內部派系鬥爭的惡化，導致黨部運作癱瘓，無力對外發展，使得社會大衆的期待逐漸剝蝕，原有的政治空間日益萎縮。面對這樣的情勢，筆者不得不沈痛地指出：內部派系鬥爭的惡化阻絕了民進黨健全發展的機會，而「新潮流」正是内部派系鬥爭惡化的源頭。

事實上，筆者對於民進黨的關懷與期待絕不落人後，在建黨前半年，爲了呼籲新黨的成立，即發表了數十篇文章來闡明政黨政治乃民主政治所不可或缺的條件；在一九八六年九月廿八日當天，則因筆者堅決主張馬上成立新黨，省略籌備階段，乃得以一舉突破國民黨的黨禁令；而後在人團法的制定過程中，筆者忝爲民進黨立法院黨團幹事長，一再與國民黨溝通、協調、抗爭，以致由原來的登記制而改爲報備制，最後改爲備案制，亦即國民黨與民進黨皆應經過向內政部備案的程序，方得成爲合法政黨，人團法修正案的三讀通過，使得民進黨能夠很有尊嚴地與國民黨平等地成爲合法的政黨，也因而解除了民進黨長達兩年的生存危機。對於這麼一個自己全程參與籌備、創立、經營的政黨，筆者有一股說不出的摯愛之情。然而，筆者也預感到，民進黨要能夠健全發展，派系問題必須妥善解決。因此，早在第一次全國黨員代表大會中，筆者即曾剴切指出，在黨內有不同派系乃極其正常之事，重要的是，派系之間的權力鬥爭，必須透過正當的手段在制度規範之下進行。惜乎當時大家沉醉在剛成立新黨的歡愉氣氛中，未能防患於未然。「新潮流」乃得以趁虛崛起，以一個未受制度規範而畸形擴張勢力的派系，透過不正當的手段，篡奪了民進黨的領導權。

事實上「新潮流」對民進黨內部的影響力遠甚於他們對台灣社會的影響力，這是他們怯於對外開拓資源而勇於內鬥的必然結果。他們最大的特徵就是一廂情願地把台獨理念視爲一切政治活動的終極目標，對於黨內公職人員凡不合其意者，動輒予以無情的批判；公職人員爲求自保，大多忍氣吞聲、噤若寒蟬，使得他們更加肆無忌憚，不斷藉由內鬥壯大其勢力。他們對國民黨束手無策，對民進黨卻是張牙舞爪，不斷製造內爭與紛擾。基於對民進黨的摯愛，也爲了民進黨的健全發展，筆者認爲有必要對所謂「新潮流」路線，予以批判。概括而言，所謂「新潮流」路線即：

一、死硬的零合鬥爭路線

二、盲目的羣衆運動路線

三、冒進的台獨建國路線

四、激烈的革命傾向路線

以下筆者將逐條加以說明：

㈠死硬的零合鬥爭路線

「新潮流」習慣藉由激烈抗爭的形式來突顯反對立場，只强調立場而從不考慮可行性，他們要的是你死我活、全有或全無的鬥爭。這種鬥爭路線，在國民黨極端專制的條件下，往往可以突顯極高的道德價值。然而若是政治環境有所變化，這種死硬的零合鬥爭路線，由於堵死了人民從各個不同的階段中擴大其權益的可能，必將遭到中間選民的唾棄。例如一九八七年三月十八日，邱義仁、鄭南榕、林濁水等人發動民衆前來立法院抗議國安法的制定，筆者原以爲他們是來聲援民進黨立委，孰知他們是來向民進黨團抗議，堅決主張罷審國安法。當時筆者懇切向渠等說明，黨團將一本反對黨的立場，抱持「寸土必爭、焦土抗戰」的決心，逐條、逐句、甚至逐字審查國安法草案，卻不爲渠等所接受。「新潮流」是根據過去的經驗，認定國民黨只要動員表決部隊，可以一字不改地通過國民黨所提的任何法案；揆諸過去所制定的政治性法案，例如選罷法制定案、刑事訴訟法修正案，當時黨外立委的意見，確未受到應有的重視，只能以退席表示無言的抗議。可是自從民進黨成立以來，社會輿論均屏息凝視著新黨的表現。過去「黨外」是没組織的泛稱，如今黨團是國會裡最大的反對黨組織，有責任和國民黨從事激烈的議事鬥爭，藉著政治性法案的審查來徹底暴露出國會結構的不合理。事實證明，國安法十個條文中，有七個條文被改得面目全非，這是四十年來，政治性法案在立法院審查的一個劃時代的成就。由此可以反證「新潮流」根本無法體驗政治大環境的變遷，只知堅守不合時宜的立場，卻不知如何與時推移，突破瓶頸，再造新猷。依據「新潮流」的零合鬥爭路線，民進黨勢將成爲不求長進、拘泥於抗爭形式的教條主義者，也是受制於歷史經驗的失敗主義者。

(二)盲目的羣衆運動路線

「新潮流」有感於反對勢力的壯大有賴於人民的支持，再加以其成員多不具公職身分，因此選擇了羣衆路線，以街頭做爲政治舞台，這本無可厚非。但是「新潮流」對於羣衆運動的本質缺乏正確的了解，只知一味嚮往菲律賓艾奎諾夫人的「人民的力量」，而未曾深究台灣的社會、經濟結構，也無法正確預估國民黨內部保守勢力的可能反應。例如第一次全國臨代會中，「新潮流」策動通過四一九包圍總統府的決議案，以抗議國民黨制定國安法乃意圖以「國安法三原則」來做爲取締民進黨的依據。筆者當時即坦率指出，既懷疑國民黨制定國安法是爲取締民進黨製造法律依據，則意味著，我們已預設國民黨是不值得信賴的，那麼貿然去包圍總統府——國民黨最後的統治權威——怎能排除國民黨不會利用四一九，安排特務製造事端，再來一次美麗島大整肅？「新潮流」這種不評估情勢，不計較後果的羣衆運動路線，只能以「盲目」稱之。盲目的羣衆運動容易造成羣衆的疲乏，更可能讓反對黨數年的經營毀於一旦。一個正確的羣衆運動路線，應該讓參與的羣衆在活動過程中完成自我學習，自我改造，從而變成一個運動的積極分子，去發動更多的人來參與。而絕不是像「新潮流」這樣，把羣衆越搞越少，規模越來越萎縮。

㈢冒進的台獨建國路線

台灣獨立乃是任何用心思考台灣前途的人士所不可能迴避的一個選項。可是，有關台灣政治前途的探討，很難跟中共政權的態度分開來考量。而「新潮流」所主張的台獨理論可謂完全無視於國民黨及中共政權的反應，犯了典型的唯心論的錯誤。「新潮流」冒進的台獨建國路線，認定台灣獨立是道德的最高標準也是政治的終極目標，這麼激越的主張不僅偏離了社會現實，也大大地限制了民進黨的發展空間。「新潮流」有一份傳單，以斗大的字寫著：「我們是台灣人——不是中國人」，這一種宣傳手法完全無視於國民黨在各級學校所推行的民族精神教育，也無視於國民黨在基本上掌握了壓倒性的宣傳媒體，只是授予國民黨醜化民進黨的把柄罷了。第二次全國代表大會上，「新潮流」要求將黨綱第一條的「住民自決」原則，改爲「台灣應該獨立」。當時筆者沈痛地指出，台灣獨立與否應取決於國際關係的改善及中共態度的軟化上，我們不應該不必要地刺激北京的領導人，授予他們「不排除以武力解決台灣問題」的藉口。當時，「新潮流」系對筆者的看法，都不表苟同，可是此次天安門血腥鎮壓學生運動的事件，更足以說明筆者的顧慮，並非杞人憂天。

㈣激烈的革命傾向路線

在一個專制獨裁統治的國家，反對陣營中不可避免地會出現兩條路線的鬥爭——即改革派（體制內改革）跟革命派（改革體制）的鬥爭。過去，由於國民黨長期的專斷統治，鎮壓民主人士，因此在二二八以後逃亡國外的反對人士當中，一直以「革命派」佔優勢；反觀島內直到七〇年代中葉才出現全省聯線的黨外民主運動，將過去參加地方選舉的枱面上反對人士，逐步整合成黨外公職人員聯盟，「改革派」的主流於焉形成，在美麗島事件爆發之前，海外的革命派跟島內的改革派鮮少接觸，因爲在國民黨的高壓、恐怖政策之下，島內反對人士爲了不讓國民黨有亂扣帽子的機會，對海外支持者始終敬而遠之。

直到美麗島事件後，許信良出亡美國，才在海外投下一個巨大的變數。從他與

「台獨聯盟」決裂，到成立「台灣革命黨」，以至於宣布放棄武力鬥爭路線，宣布籌組「台灣民主黨」，及至民進黨成立後，又改組為民進黨海外組織，這一連串的調整正好標示出近十年來台灣政治大環境的變遷：到底該採用武力革命路線或和平改革路線，乃取決於整個社會條件及國民黨統治階層的回應。事實上，這三年來，台灣政局出現了近四十年來所僅見的變革，國民黨和民進黨雙方都在不斷地重新學習、努力調適當中，而兩黨在國會裡的良性互動也已展開。然而，在此時此刻，「新潮流」仍主張激烈的革命傾向路線，完全無視於台灣社會經濟條件和政治環境的變遷。就以他們所策動的五二〇事件為例，在筆者看來，毋寧是非常令人痛心的一次警民失控的流血衝突事件，然而依據「新潮流」自己的評估，卻認為五二〇意味著革命環境日趨成熟，甚至以「五二〇事件」發生的頻率來檢定革命的成效。筆者認為，要把革命的行動予以合理化，並不是那麼簡單，只有在整個社會經濟秩序已極混亂，公共正義已蕩然無存的條件下，為了遂行革命所用的破壞、流血、暗殺等活動，才能在長痛不如短痛的理由下，予以正當化；目前台灣根本沒有上述的條件，而民進黨也以維護台灣人民的利益自許，斷無理由在此時此刻倡言革命，而給予中共政權或國民黨軍方人士以可乘之機。

綜上所述，「新潮流」路線正是對於過去四十年來國民黨專斷獨裁統治的回應，可惜他們只能追緬過去，而無力對近年來政治環境的變遷作出妥當的調適，以至於他們的主張成爲歷史演化過程的遺留物，而他們自己則成爲刻板的教條主義者。由於他們的組織封閉，排他性特强，成天只跟能接受他們想法的人士來往，而缺乏社會運動工作者應有的謙卑心態，袒開自己，向羣衆學習。他們不是走入羣衆，接受羣衆的洗禮、批判和訴求；而是以革命家、道德家的姿態，走入羣衆，意圖領導羣衆、支配羣衆，其結果是自外於羣衆。他們不僅無法替民進黨開拓資源、積累資源，反而只能潛藏在民進黨内部，瓜分資源，挾持黨機器，篡奪領導權，製造大量的負債。使得不知情的社會大衆，把不合時宜、僵化、教條的「新潮流」路線等同於民進黨的政治路線，這乃是民進黨一直無法獲得中間選民支持以突破原有格局的主因。民進黨今天已不能再扮演一個自憐自艾的反對黨，反對只是手段，執政才是目的。我們實在不能再容忍「新潮流」刻意把民進黨塑造成受迫害者的形象，在過去，受迫害的形象固然可爭取到一些同情票，但也僅止於同情票；一個政黨如果連自保都不可得，如何期待過半數的選民將其家小託付給她？因此，民進黨要健全發展，首先就要營造出一個健康、明朗的形象，而一個健康、明朗的形象絕不應滲入「新潮流」路線所帶進來的，時而虛妄、時而自憐的主張。

——《聯合報》《中國時報》一九八九年六月十七日

我對另組新黨的沈思

——社會菁英的政治責任

隨著國民黨威權體制的日漸瓦解，政黨政治的空間原應日趨寬廣。然而由於國民黨與民進黨體質上的不良，加上兩黨漫無節制的權力鬥爭，形成惡質化的政黨政治與沒有效率的民主政治。

這種沒有效率的民主政治，正是獨裁政治的溫床。民眾日漸厭煩無止境的權力惡鬥，便不禁懷疑改革開放的價值，而懷念起威權統治時期的效率。朱高正有感於此，因而寫作本文，鼓勵社會菁英投入政治，共同促進政治文化品質的提升，爲政黨政治的良性發展尋找新契機。朱高正後來籌組社民黨，其後復與新黨合併，都是秉持這個信念。

筆者從政以來，始終不遺餘力地推動民主政治，可是今年二月中旬，卻油然興起不如歸去的感嘆，主要是因爲目睹兩黨內鬥加劇、抗爭模式僵化，導致議會癱瘓，行政機關幾近停擺，社會呈現一片紛亂景象。筆者致力於台灣的民主化運動，可是民主化的結果卻只徒然提高大家的權利意識，未見公民文化的成長，反而因爲政治的惡質化發展，形成一種沒有效率的民主政治，人民被迫移民、產業被迫出走……政局紛擾至此，本人難辭其咎，自忖憑一己之力，亦無以挽回狂瀾，乃想到乾脆遁隱山林、自我放逐，以向天下謝罪！

然而基於政治責任感的驅策，台灣的政治既未到絕望的地步，自不可輕言放棄。筆者願在此拋磚引玉，呼籲有志之士共同來思考、參與，投入於台灣民主重建的工作。

一方得過且過，一方耽於抗爭

筆者認爲，台灣的政局要起死回生，首先要有良性的政黨政治，有體質良好的政黨，以及一套規畫政黨鬥爭的制度。在短期內，國民黨仍是主導台灣政局發展的主力，民進黨則是擔負著推動改革的重任；可是由於兩黨先天結構不良，不僅未能善盡其責，反而形成惡質化的政黨政治，除了黨內派系赤裸裸的權力鬥爭搞得人心惶惶之外，兩黨之間非理性的對抗亦以犧牲公共福祉做爲代價。以下筆者將分別指出兩黨的問題所在：

民進黨成立三年多以來，其成長及壯大乃是建立在國民黨腐敗的事實一再被曝光上面，而非由於民進黨自己本身在組織、在公共政策上提出哪些足以逼迫國民黨不得不改革的實力上；因此，民進黨的成長是被動的、是依附在國民黨的腐敗上，做爲一個推動改革的政黨，民進黨非但不能形成逼迫國民黨改革的壓力，反而使國民黨抱著得過且過的心態，一再遲緩改革的步驟。

筆者擔任民進黨立法院黨團幹事長期間，即一再主張以公共政策取向贏取選民的認同，諸如法院組織法的修改，檢察官席位下移，與被告律師平起平坐，判決書全文照登，使法官判案受到合理的監督；或在農民健康保險條例中，將農民負擔的保額由行政院原案的五〇％降爲三〇％；或水利會費的廢除；或精神衛生法中，規定嚴重精神病患之送醫費用及强制住院期間之醫療費用，由國家負擔……以上這些關係到司法改革、社會安全或改善農民生活的重要提案，黨團總是興趣缺缺，寧願將抗爭停留在政治層面。

民進黨兩極化傾向

筆者亦花費不少心血，與尤清先生致力於「人團法」的談判，終於使民進黨有尊嚴地與國民黨同時成爲合法的政黨（兩黨都須備案，方成爲合法政黨）。民進黨成爲合法政黨之後，照理說應調整腳步，往執政之路邁進。遺憾的是民進黨自甘停留在單純的批評階段；且始終難以逃脫台獨基本教義派的陰影。

民進黨的結構有兩極化的傾向：一部分是懷抱著理想的知識分子，他們爲了堅持理想，可以放棄原有的社會地位、優厚的收入，義無反顧地獻身於民主政治的追求，即使遭受國民黨的恫嚇，面對坐牢的威脅，亦不改其心志。

另一部分則是社會邊緣人，是社會競爭中的失敗者，對社會懷有一股莫名的恨意。那麼，是何等力量使這兩者結合在一起呢？答案是：反國民黨。反國民黨成爲民進黨至高無上的共同綱領。

可是，堂堂一個反對黨，豈可自限於以批判執政黨爲滿足呢？尤其在報禁解除後，言論大幅開放，大衆傳播媒體對執政黨的批評，其深度、廣度往往更甚於反對黨。因此，民進黨早該超越原有的格局，除了批評，還要能隨時提出解決問題的備選方案，供選民比較、參考，而非除了批評，一無所有。

公共政策層面的政治鬥爭，才是良性的政黨之爭。民進黨若是能在攸關民生的法案和公共政策的制訂上，提出更符合民衆利益的方案出來，當可逼使國民黨就範，並吸納更多的人才投入自己的陣營，可惜民進黨的疏失與懈怠使它一再地失去健全發展並邁向執政黨的機會。

國民黨權力結構的荒謬性

在國民黨方面，最大的問題是：在本質上，它並不是一個民主政黨。既非民主政黨，其黨員的向心力自然有限，而要求一個非民主的政黨去推行民主政治實無異於緣木求魚。

就國民黨的權力結構來做分析，我們可發現其荒謬性。先就黨員代表來看，目前一千二百零九位全國黨員代表之中，軍方、前線、海外以及荒唐至極的敵後代表即占了三二％，誰掌握了這三二％，只要再爭取一八％，即可掌握過半數的多數，可是這決定性的三二％的黨員代表究竟如何產生，沒有人搞得清楚。其他六八％的黨員代表又如何選出呢？以知青黨部爲例，台大應選兩名，卻非由台大黨員普選產生，而是由全部報名者當中得票最高的前十名中圈選兩名，因此這六八%的代表性亦值得懷疑。

那麼，一千兩百零九位黨員代表又如何「選舉」產生一百八十位中央委員呢？國民黨採取的是最反動的「足額連記法」，即應選一百八十名，每人可圈選一百八十名。在這種情況下，我們假設國民黨有甲、乙兩個派系，甲派有六百零九位黨員代表，乙派有六百位，則第一名到第一百八十名都可得到六百零九票，其後皆屬乙派。這就是「足額連記法」的奧妙所在：哪一派能掌握極微的過半數，即可囊括所有應選名額。這完全違背基本的民主原則——服從多數、尊重少數。在民主政治中，少數的意見也應合比例地反映於權力結構中，惟其如此，少數才能經由持續的努力，以和平的方式，漸進地成爲多數。

中常委又是如何產生的呢？三十一名中常委是由主席就一百八十位中央委員中圈選三十一名出來，經中央委員會「整批」鼓掌通過。

黨主席又如何選出？這是衆所皆知的：在沒有競選之下，全體「起立」通過。

最近的一個荒唐例子是：國民黨中常委聯名推舉主席爲該黨所提名的總統候選人——主席指定三十一名中常委，再由三十一名中常委推舉主席爲總統候選人。這種坐地分贓，肥水不落外人田的權力結構，簡直是民主政治的最大諷刺。

有人說，立法院是行政院的橡皮圖章，其實行政院又何嘗不是別人的橡皮圖章？說穿了，行政院、立法院皆是中常會的橡皮圖章，而中常會只不過是虛有其表地做爲裝飾所謂「合議制」的工具罷了——中常會是主席的工具，用來爲獨裁披上合議制的外衣。這就是國民黨黨主席黨政一把抓的真相，也就是筆者一再批評的「萬機決於一身」的帝制，既是「帝制」，我們也就無法期待其真正推動民主改革。

筆者縱覽史書，發現江山代有才人出，不管社會如何紛亂，經濟如何蕭條，政局如何混沌不清，總有人才出面解決問題，收拾殘局，重要的是要能適才適用。而一個合理的制度加上一個高瞻遠矚、有深邃政治眼光的領袖人物、總有辦法把人才放到適當的地方，讓其發揮長才，撥亂反正。

消弭政經亂象靠人才

人才有兩種：一是通才，二是專才。通才指政治人才，即「江山代有才人出」的才人；專才指行政幹才，通常需要經過有計畫的培養、訓練。社會紛亂大部分是因爲政治人才不得其位，行政幹才嚴重缺乏。只有政治人才適得其位，即可有計畫地培訓行政幹才，建立制度，使政經亂象逐漸消弭。

任何稍具民主常識的人都知道，培養政治人才最好的舞台是議會，在民主先進國家中，其政治領袖鮮有不出自議會者。可是一想到我們各級議會的民意代表，我就不禁擲筆興嘆！我們知道，各行各業要做得好，一定要具備相當的專業素養和敬業精神。譬如，一個英文老師對於英文、教學法有專業的素養，對學生有諄諄善誘、誨人不倦的敬業精神；一個成功的企業家要有企業經營、管理、市場行銷……的專業素養，要有踏實、誠信、努力的敬業精神……而我們的民意代表卻是各行各業中專業素養和敬業精神最差勁的一羣，甚至比乞丐都還不如。乞丐向人要錢，尚得具備博取同情心的技巧，得知道何時何地有廟會，可是我們的民意代表只要有錢，可以一無所知，一無所長。甚至有擔心被送管訓的流氓，拚死拚活也要弄個縣議員或鄉民代表來幹，以保平安。

我們的民意代表大致可分爲兩種參政的極端類型：一、追逐利益型，二、堅持理想型。

追逐利益型常發生在國民黨或親國民黨的民代身上。國民黨雖然實施地方自治，可是卻把選舉當作權力壟斷的另一種模式，其提名策略迄今未曾改弦更張過，其目的僅在於保住席位、塞得愈滿愈好，至於取得席位後能否發揮應有的職權和功能則是不聞不問；若是有人不知好歹，真想發揮其職權、功能，則隨即以黨紀來壓抑。其實國民黨民代即使是花大錢買票選上的，也不見得完全不想做事，卻因國民黨權柄不肯下放，有理想也無從發揮，無法自持者只好自甘墮落，搞錢、包娼、包賭、包工程、耍特權、關說……結果是吃人嘴軟、拿人手短，只好以大衆利益做爲犧牲。此種追逐利益型的民代，其格調之低，令人不忍卒睹。

堅持理想型則常見於過去黨外民代身上。這些人基本上個性較直率、對民主政治較熱中，亦確希望進入議會爲民喉舌，可是在過去的專制時期，其對現實政局的不滿與批評難免激怒執政者，一旦落選，不是坐牢便是工作上飽受干擾，使其對現實社會逐漸疏離，在人羣中日漸孤立；即使幸運當選，由於在議會中是極少數，除了偶爾放放砲之外，亦發揮不了作用。此種堅持理想型的民代，其理想與現實社會有一定的差距，而堅持理想的代價卻又太過昂貴，令人望而卻步。

民意代表代表民意，可是民意何在？追逐利益型的民代所追逐的是一己的利益；堅持理想型所堅持的是白身的理想，在强權壓抑下，將理想突顯爲高貴的悲劇，與其說其理想獲得認同，毋寧說其反抗强權的意志獲得同情，其身家尚且難保，又何以期待民衆願意託付家小？

台灣的政治危機在於：一、培養政治人才的議會令人痛心疾首，無以代表民意；二、台灣的社會菁英，即一般的中產階級或中智階層過度的疏離、冷漠、無力，對於政治既不敢參與，也不屑參與。

一個國家的政治文化取決於其政治社羣中積極、專業的參政者，包括黨務、政治和民意機關。即台灣政治文化的發展，取決於真正從事政治活動的菁英。

矛盾的是：主導台灣政治文化發展的菁英，並非來自台灣社會的菁英階層。在家族會議中，有見識者若是閉口不說話，其家族必趨衰頹。同樣的，社會菁英若是不肯參與國家大政的決策過程，反而託付給等而下之的人，則政局必然一片紛亂。

去腐生新，改變政治結構

台灣的民主化只帶來權利意識的高漲，卻未見公民文化的成長，主要是因爲社會菁英未把公共事務當成自己的責任。舉例來說，在台灣，一個企業家拿出三、五百萬投資某行業，大部分是自己當老闆或找一個自己信任的人才放心，若是與友人聚資三、五千萬，要找一個總經理也必然是精挑細選。反觀，在公共事務上，一個縣政府的預算起碼也在一百億上下，卻願意輕易地將其交予三、四十個隨隨便便選出的議員來審查……台灣在經濟發展的表現上何其傑出！在公共工程的品質上卻又何其低劣！如此矛盾、不搭調的現象，孰令致之？

台灣的社會菁英，過去在專制體制下，爲了自求多福，對政治養成疏離、冷漠、無力的習性。如今，若是希望台灣的政治文化去腐生新，徹底揚棄令人痛心疾首的積弊，只有一條路：要求社會菁英投入政治、實際參政，改變政治結構。

或許有人要問：要求社會菁英投入政治，可能嗎？時機來臨了嗎？

筆者認爲，過去社會菁英不敢參政，是因爲害怕因此下獄或事業遭受打擊；不屑參政，是因爲不願與包娼、包賭、包工程者同流合污。

可是，台灣自從解嚴以來，參政的危險性已大幅降低；其次，大家漸漸發現，政局紛亂對個人的利益影響太大；過去一黨專政還可維持一定的行政效能，如今由於政治的惡質化發展，人心惶惶，爭相出走，對未來普遍缺乏信心，對政府能力大表懷疑，錢賺再多也沒有用，政治沒搞好的結果是——全民皆輸，最後連苟存於亂世都有所困難。社會菁英再不投入政界，台灣社會即將掉入萬劫不復的地獄。

沒有效率的民主政治是獨裁政治的溫床。如今議會近乎癱瘓，行政機關因循苟且，惟有健全的民主政治才能遏止台灣政局的惡質化發展。而健全的民主政治首須建立在健全的政黨政治之上，政黨間的競爭應致力於增進全民福祉，而不是漫無節制地進行權力鬥爭。但是，從國民黨和民進黨的結構來看，顯已無法擔負上述的期待，也因此，筆者會考慮到組黨的問題。

新黨須採公共政策取向

談到組黨，一個新黨絕非各級民代的重新排列組合，膿包組成的政黨仍是膿包黨，對政黨政治的良性發展、政治文化品質的提升，沒有任何助益。新黨若是對政治改革沒有建構新的意義，對現有政局未能帶來震撼性的影響，則根本不需組黨。新黨須採公共政策取向，具有解決問題的能力或提出備選的方案，否則也無需組黨。

民主政治是議會政治，如今議員素質低落，議事癱瘓，同時牽動到行政效能的不彰，沒有效率的民主等於在埋葬民主，因此，我們需要社會菁英的投入，對參政者來一次大換血！

民主政治是民意政治，國民黨代表誰的民意?國民黨民代一方面極力攫取私利，一方面做爲鞏固國民黨政權的工具，是赤裸裸的分贓，看不到民意所在。即使它要進行改革，也有上限、下限；上限是在利益不受影響時，能不改儘量不改，下限是只要老百姓不造反就好！民進黨又代表誰的利益?民進黨一方面是台獨基本教義派的外圍組織，一方面又建立在國民黨的腐敗之上，其間，看不到民意所在。政黨無一代表民意，人民將日漸趨於疏離，這是社會解體的前兆。

民主政治是責任政治，國民黨一心只想維繫政權，對台灣前途沒有開創的能力，連兩千萬人都不能負責了，更談何對大陸人民負責?民進黨台獨基本教義派僵化的思想，已腐蝕了應有的自由判斷的能力，根本不能代表活力充沛的台灣人。至於新黨，我的考量即在：如何讓社會菁英在政局紛擾不定時，興起濃烈的責任感，投入政治，共同促進政治文化品質的提升，爲政黨政治的良性發展尋找新的契機。這是在本質上嶄新的問題的提法。

聚合菁英，化解僵局

民主政治是政黨政治，現代的民主政治之所以必然以政黨政治運作，有其不得不然的理由：原有傳統社會以農民占絕大多數人口而具高度同質性，一個政黨只要能代表農民利益，即可壟斷政權；現代社會由於角色分化，代之而起的即新興的中產階級、勞工，以服務業爲主的白領階級……等。不同的社會階層有不同的社會利益，社會階層分化的結果產生各種相互矛盾、衝突的民意。政黨的功能即在將這些雜多、不穩定、不明確的民意予以綱領化、明確化、定性化，做成幾個選項，以便在選舉時供選民做抉擇，並進一步整理、歸納、綜合、組織民意，以適切地在建構國民總意志的過程中扮演中介者的角色。而當一個國家中有太多的民意尋無出路的時候，也就是既存的政黨應該深切反省，或是有識之士共同投入去匯聚、整合的時機來臨了。

筆者知道，要使長期以來對政治冷漠、疏離的社會菁英階層幡然醒悟，起而從政，非常困難；但筆者認爲要救亡圖存，除此之外，已無他圖。這是一個自救的運動，也是無可迴避的責任。我不敢期待大家皆了解問題的嚴重性與急迫性，但我有責任將其提出。我不願全盤否定民進黨，它對台灣的民主畢竟有過貢獻，就像我不願全盤否定國民黨一樣，即使在天安門事件之後，我也未全盤否定共產黨。任何政治改革皆要從現實出發，朝埋想邁進，一個能聚合、號召台灣社會菁英的新黨應是化解當前政治僵局的惟一希望！

——《聯合報》一九九〇年四月二十九日

與新黨對等合併之後，我們應有的努力方向

——一位資深同仁的期許

今（一九九五）年底立委大選，國民黨首次在國會選舉中得票率未能過半，另一方面，年輕的新黨則獲得了百分之十三選民的支持，攻佔了包括大高雄地區三席在內的席次。從選前到選後，關於組織「聯合內閣」、「大聯合內閣」的討論亦接連不斷，台灣的政黨政治實已步入新局。

而一九九三年十一月，朱高正即在一份社民黨內部參考資料中，預言台灣政局的變化和新黨的發展，強調社民黨與新黨合併可讓新黨擺脫「外省黨」或「台北黨」的刻板印象，也是跨越濁水溪的契機。局勢的進展印證了朱高正的遠見。本文歷述社民黨與新黨對等合併的過程，不失爲台灣政黨政治史上彌足珍貴的紀錄。

在國民黨與民進黨聯合壟斷政治資源之下，台灣政治發展日趨惡質化。一個能聚合、號召台灣社會菁英的第三勢力無疑是化解政治亂象的唯一希望。近日來，社民黨與新黨達成對等合併的決議，正燃起了這個希望，為台灣政治文化品質的提昇帶來了新的契機。為了使大家對社民黨與新黨的對等合併有更深切的體認，實有必要就兩黨對等合併的協商過程以及對等合併之後，對未來政局的影響作一簡要說明。

第三勢力尋求整合的過程

今（一九九三）年十月十六日，朱高正雲林後援會四百多位幹部於斗南集會，林正杰與新黨的陳癸淼、王建煊等三位委員亦專程南下與會，會中做出兩項決議：第一、朱委員與其參選雲林縣縣長，毋寧繼續留在中央，或將來直接參選省長，為台灣做出更大的貢獻；第二、希望朱委員與新黨發展出更緊密的合作關係。

參選縣長以及與新黨發展正式結盟關係，對朱委員而言，顯然顧此失彼。儘管新黨曾不只一次到雲林拜訪朱委員，希望其於年底縣市長選舉中與新黨結盟，參選雲林縣縣長。然而，在新黨備受國民黨當局打壓、抹黑的情形下，倉促與新黨結盟參選縣長，短時間內勢必不可能透過媒體將結盟的緣由説明清楚，徒然為選情增加不必要的變數而已。既然選前不宜與新黨結盟，若當選縣長，短期內顯然亦難與新黨發展正式的關係。

本來朱委員參選縣長的土要理由，乃在為社民黨保留爾後發展的一線生機。然而，擔任雲林縣長是否能讓朱委員有一展長才的機會，實不無疑問。在只講「力」，不講「理」而孜孜為利的地方派系包圍下，如何能施展抱負？其實，當今最急迫的課題應是如何引導台灣政局結構制度化與良性化的發展。整體大環境未根本改善前，如何能期待在地方有所作為？況且，未來五年將是台灣發展的關鍵時期。從省市長選舉、總統選舉到九七大限，無一不對台灣前途有著深遠的影響。朱委員若僅擔任縣長，其影響力將侷限於雲林，台灣亦平白減少一位擁有宏觀視野而對大局有全盤掌握能力的重量級人物。

其次，就朱委員與新黨的關係而言，既然不參選縣長而欲繼續在政壇上尋求突破而有所作為，則朱委員及其一手創建的社民黨與新黨的關係勢必重新做全盤而徹底的檢討。其實，真正自覺地對台灣兩黨聯合壟斷的惡質化政治有所反省，提出理論，並身體力行的第一人當推朱委員。且在一九九〇年四月二十九日，於籌組社民黨的前夕，聯合報刊載了一篇朱委員所寫的六千字長文—「我對另組新黨的沈思—社會菁英的政治責任」。經過近一年密集的幹部訓練，研擬基本綱領，社民黨於全台灣舉辦了三十五場組黨說明會。社民黨是第一個勇於向國民黨與民進黨聯合壟斷挑戰的政黨。雖然在國代與立委選舉中，社民黨除朱委員外全軍覆沒，但能全面地在台灣各地推出候選人與兩黨對壘的，只有社民黨。朱委員怎麼捨得割棄曾陪伴他渡過最艱難歲月的社民黨？除非能為台灣的政治改革與第三勢力的發展開拓更寬廣的空間，否則朱委員個人加入新黨對現今政局發展並無多大助益。若新黨與社民黨組成政黨聯盟，如此形式上的鬆散結合，顯然無法對聯盟產生政策上的實質影響力。因此，社民黨與新黨關係勢必重新定位。十月十六日後援會幹部會議之後，雙方為尋求第三勢力的整合，各項枱面下的幕僚作業紛紛展開。

社民黨與新黨達成對等合併的共識

終於在十一月九日，新黨的趙少康、李慶華、周荃，勞動黨的羅美文、王津平與社民黨的朱高正、呂榮海、黃國鐘、謝材俊、朱天心、劉啟安等人聚餐會談，達成由新黨、社民黨、勞動黨與工黨「對等合併」以整合第三勢力的共識及以下四項協議。首先，由於新黨的黨務發展最高機構—「全國競選及發展委員會」（簡稱「全國委員會」）—僅由中央民意代表組成。一旦合併，社民黨、勞動黨與工黨能進入全國委員會者將只有朱高正一人。為貫徹「對等合併」的精神，應由四黨各再推薦三位代表加入全國委員會，原則上為來自大台北地區以外者，以利發展地方組織。若工黨無法參與合併，則應由三黨各推薦四位代表加入全國委員會。其次，各黨將其黨綱提交黨綱研議小組，以便重擬。第三，各黨黨章交由黨章研議小組重擬。最後為黨名問題，由於此次縣市長選舉僅新黨推出候選人，且新黨枱面人物較多，故黨名仍採「新黨」。

隔天（十一月十日）傍晚，得知勞動黨內部對合併有不同意見。事實上，勞動黨方於十日前召開三全大會，短期內顯然無法參與此等合併計劃。由於三黨合併觸礁，新黨遂提出由新黨與社民黨先行合併的構想。朱委員則表示必須在遵守十一月九日協議的精神下進行對等合併，並應先行於社民黨內部召開黨務懇談會。朱委員隨即交待相關幕僚擬定邀請名單：包括歷屆決策委員、北中南三區召集人、曾代表社民黨參選國代、立委的候選人與雲林縣後援會主要幹部。隔（十一）日早上朱委員核可後即進行租借場地與電話邀請相關人士出席。十一月十二日下午召開黨務懇談會，計一百五十餘人與會，新黨趙少康、郁慕明、李慶華等三位委員及勞動黨秘書長王津平列席。僅一天半的時間完成動員，展現了社民黨驚人的組織力。會中達成由社民黨與新黨「對等合併」的共識，並要求由兩黨各推派若干代表加入全國委員會。黨章原則上採用新黨黨章，黨綱則以社民黨基本綱領為藍本。黨名仍採用「新黨」。最後，大會並希望兩黨能於五日內各推派五名協商代表，就合併事宜進行磋商，趙少康並代表新黨當場承諾。

十一月十五日下午，兩黨正式進行協商，達成五項共識：第一，黨名為「新黨」；第二，黨章以新黨黨章為藍本，參考社民黨黨章草案，由郁慕明、黃國鐘主持黨章修正事宜；第三，黨綱以社民黨基本綱領為藍本，參考新黨已公布的宣言與政策，由朱高正、王建煊主持；第四，由兩黨各推派五名代表加入全國委員會，原則上應來自大台北地區以外；第五，明年六月底前，至少成立十個縣市競選及發展委員會。至此，社民黨與新黨對等合併的大方向已告確定。

兩黨對等合併是互補互利

其實，社民黨與新黨的對等合併對兩黨而言均有積極而正面的助益。就新黨而言，面對明年的省市長選舉雖已有趙少康表態參選台北市長，然其是否也有能力在台灣省、高雄市推出候選人，實令人懷疑，這也顯示新黨勢力囿於大台北地區的事實。但隨著兩黨的合併，至少已有朱高正表示將參選台灣省長，姚立明參選高雄市長。儘管明年不一定依此組合推出省市長候選人，但至少已向社會大眾宣示：新黨有能力推出形象好、才識佳的省市長候選人，使新黨跨出大台北地區而擁有一番新氣象與新格局。

對社民黨而言，在合併的過程中，大家最在意、最難以割捨的莫過於黨的基本綱領。如此完備的基本綱領怎麼捨得放棄？然而，社民黨的基本綱領始終未被放棄，反而成為新黨黨綱的藍本。社民黨與新黨的對等合併已爭取到更多立法委員為社民黨的基本綱領共同奮鬥。

此外，新黨與社民黨同樣是反對「爛黨」與「亂黨」聯合壟斷台灣政局。兩黨的支持者有相當高的重疊性，但是社民黨只有朱委員一位枱面人物，新黨則有

七、八位，因此，若不儘速合併，那麼社民黨往後的經營勢必更為艱難。

但透過兩黨的對等合併，社民黨過去的努力不致於白費，更使社民黨成為新黨極為寶貴且無可替代的資源。因為社民黨早已經由五十個梯次的公民參政研習營與幹部訓練，培養出一批對黨的理想與台灣政治現實有基本認識的選戰隊伍。只要社民黨同仁們振作精神，攜手奮鬥，必能成為新黨發展各縣市組織的原動力。何況新黨六位立委勇於向「爛黨」及「亂黨」宣戰，正點燃了國家民族的希望，走在改革前鋒的社民黨豈能讓這希望的火花熄滅？

再從兩年前的國代選舉來看，社民黨候選人的平均年齡僅三十二歲。這意味著參選人的社會關係與經濟基礎薄弱，婚姻家庭亦尚未穩定。以如此條件參選國代，勢必向親朋好友借錢以支應選戰經費。但朋友亦多與自己處於類似情況，尚無充分資力；親戚則尚且對其參選不甚支持，豈肯借錢？在無足夠資力下勉強參選，自無成功的可能。然而，兩黨對等合併後卻使得枱面人物大為增加，政治資源更為豐富，願意代表新黨參選者自然較多，足以使候選人的平均年齡提高十歲。這代表參選人的婚姻家庭已趨穩定，社會關係較為良好，經濟條件亦足以負擔競選費用，朋友亦有能力助其一臂之力，如此必能使勝選機會大為提昇，為第三勢力開拓更多票源。

兩黨對等合併將開創「三黨不過半」的新紀元

從第三勢力的發展策略來看，明年底的省市長選舉將是新黨今後發展的關鍵性一戰。至少到目前為止，新黨擺出的陣容—「趙少康—朱高正—姚立明」—已遠強於兩大黨；舉行辯論更是勝券在握。若能以一晚舉辦兩場演講的衝勁，配合基層的經營與組織，一舉囊括三成選票並非難事。因為省市長選舉是新的選舉項目，不若縣市長選舉有強大的派系組織介入，戰術運用將大為靈活。只要新黨能於省市長選舉中擁有三成選票的實力，到後年的國代、立委選舉，必累積頗為豐富的政治資源，有意參選者為求掌握更多票源必紛紛靠行。屆時新黨極有可能突破二成的選票與席次。這代表著國民黨無法單獨取得國會的絕對多數，由不同政黨聯合組閣將首次在台灣政壇出現。若國民黨希望與新黨合組內閣，新黨基於反金權的一貫立場，將要求由新黨人士出掌法務部、財政部與內政部。若民進黨表達與新黨合組內閣的願望，新黨在反台獨的原則下，將要求由新黨人士出掌外交部與大陸委員會。若新黨與國民黨或民進黨均無法達成協議，即可由兩大黨組織大聯合內閣，則新黨更樂觀其成。一旦如此，新黨將成為國會中最大的反對黨，只要努力經營，實力必將快速成長，於下屆選舉當會出現更可觀的局面。

新黨與社民黨合併，擺脫了「外省黨」、「台北黨」的格局

社民黨與新黨形成對等合併協議的過程實為政黨政治發展史上極為成功的範例。新黨藉此跨出了大台北地區，也擺脫了「外省黨」、「台北黨」的格局；社民黨則不僅結束孤軍奮鬥的窘境，更進一步成為新黨在全台輻射發展的根據地。新黨與社民黨都必須體認到：未來五年台灣的政治發展將取決於未來一年；未來一年內所有幹部更應攜手合作，展現卓越的組織、訓練與舉辦大型演講活動的能力，以發揮輻射效果，為政黨政治的良性發展創造新紀元。

兼顧民主法統，寄望「第二張選票」

傳統選舉「一人一票」的方式，只能反映出選票的「計算價值」，而非「成效價值」。聯邦德國首創的「混合選舉制」正是用來克服這個問題。一九八六年朱高正撰述此文，冀望藉著新制的引進，落實政黨政治。在金權派系嚴重危害政治生態的今天，此制的優點尤爲突顯，足見作者的謀國之深。

今（一九八六）年年底即將再度舉行增額中央民意代表的改選，由於歲月不留人，資深委員及代表們凋謝日益嚴重，預計此次改選後，未來六年內，資深監察委員能執行職務者，很難維持在十個人以上，這種情形在立法院及國民大會也同樣困擾著有關當局。「法統」的維繫，愈見困難。因此，各方人士最近紛紛就未來的國會如何重做安排提出建議。主張全面改選者有之，主張依省籍擬定選舉辦法者有之，亦有主張遴選與普選並行者……，真是五花八門，令人目不暇給。然而，大多數的建議均遷就現實，缺乏理論基礎，更遑論其正當性與可行性了。

從康寧祥的構想說起

其中被談論最多，也最新鮮的提議，當推前立委康寧祥在《自立晚報》所舉辦的座談會上所主張的「比例代表制的國會改選構想」。該構想連政治大學政治研究所的荊知仁教授也不甚瞭解，因此提議康寧祥先生詳細說明。後者乃於四月十九日出刊的《八十年代》的一篇訪問稿〈把話說清楚──訪老康〉裏，具體地提出其構想，他主張我國國會應在臺灣地區全面改選：

「立法委員可由（每）十萬人選一名，以求其代表性，如此立法院可產生二百位委員……這些席位的五分之三直接民選，五分之二依各政黨的得標（應爲「票」）率，按其比例由政黨推薦產生。」

其實，康寧祥先生稱上述構想爲「比例代表制」，乃是誤用術語，它根本不是比例代表制，蓋只有五分之二，而非全部席次，依各政黨得票比例分配產生。這種構想充其量，只能稱爲「混合代表制」，但卻也和一般被西德及歐洲國家採行的「混合選舉制」大異其趣。

選舉制度基本上可分爲兩種：「多數選舉制」與「比例選舉制」。由於選民的結構、選區的劃分等因素的介入，而各有利弊。

近代代議民主政治草創之初，均採行「多數選舉制」，以減少貴族階級和職業同業公會所支持的候選人之當選機會，並提高新興的城市中產階級直接參與立法的比重。迨投票權漸次普及，大衆民主時代來臨，「多數選舉制」流弊日益增多，再加以政黨政治的勃興，不少歐洲國家乃改採「比例選舉制」，以期席次之分配更加公平合理。但實行的結果，常有小黨林立、組閣困難，造成政情不穩，或大黨操縱選舉法排擠小黨，形成大黨寡頭統治之流弊。

因此，選舉制度再度改革，即有今日首創於西德，並爲歐洲議會選舉所採行的

「雙投票制」，又稱「改良的比例選舉制」或「混合選舉制」。該制度施行迄今已超過三十年，效果十分良好。在技術上既可避免小黨林立，又可維持政情的穩定，且能較真實地反應出各政黨、政團的實力。

今後，如果吾人要全面改選國會，則應當放棄現行的「相對的多數選舉制」，改採顯然較爲進步的「混合選舉制」。由於此制度對國人較爲陌生，因此，筆者在本文擬以康寧祥先生的構想爲藍圖，加以評介。

選票眞的「等値」嗎？

首先要指出的是，多數選舉制最大的缺憾是民意無法充分反應在議會裏。以最近臺北市議會的改選爲例：

(1)趙少康先生以四萬多票的最高票當選市議員，而一般的市議員則約略得兩萬票即可當選。但在市議會裏表決時，卻是一人一票，趙少康議員比較高的代表性並無法反應出來。

(2)從選民來看，投給趙議員的票，每張值四萬分之一的席次；而投給其他議員的票則值二萬分之一席次，這也違反了「一人一票，票票等值」的理想。

(3)也有不少選民所支持的候選人在選戰中落敗，而這些選票根本連反應在議會裏的機會都没有，更不必說是二萬分之一或四萬分之一值了。

針對上述選票的實際的政治運作上所顯現出的「不等值」現象，在憲法學上發展出了「選票的雙重價值理論」。在傳統的選舉制度裏强調的是「一人一票」，反對特權階級。以前没有納稅能力的成年人根本没有選舉權，婦女之開始有普選權也是一九一九年以後的事，以前，受高等教育的人可以擁有兩張選票……。「一人一票」指的是普選制度，不分性別、貧富、愚智、身分，每個人只能有一張選票而已，每張票均爲「等值」。但從上面所舉的臺北市議會改選的例子得知，並非每張票在反應民意上均是「等值」的，至少可分三大類：零值票（投給落選者的票），超低值票（投給超高票當選者的票）及常值票（投給一般當選人的票）。

由此可知，傳統上的「一人一票」之「等值」，乃是指選票之「計算價值」（Zaehlwert）這個面向是平等的。至於選票之「成效價值」（Erfolgwert）是否平等，則非所問。而西德所首創的「混合選舉制」正是用來克服這個問題的。

「混合選舉制」精義

該制度的大要是：每位選民有兩張選票，「第一張選票」直接投給在各個選區參選之個別候選人，「第二張選票」則投給選民自己所偏愛的政黨或政團，但是參選的政黨或政團須列出排有先後順序的由黨團提名的候選人名冊出來。至於應選席次，一半經由在各個選區取得相對多數「第一張選票」的候選人出任，而另一半則由各個黨團依照其所得的「第二張選票」得票數的比例，依照比利時數學家翁德氏（de Hondt）所設計出來的最高商數計算法分配。這種計算法雖然對大黨稍微有利，但卻是最接近公平，而確實可行的方式。其大要是，首先將各黨團「第二張選票」的得票數依序由多至寡排列出來，然後分別以1、2、3、4……爲除數去除得票數（即被除數），所得出來的商數，依最高商數的順序重新排列，而求得各黨應得之席次。爲說明方便起見，今假定有甲、乙、丙三個黨團參加選舉，其得票數分別爲四萬票、三萬票及一萬票。則依翁德氏最高商數計算法列表如左：

除數	甲黨	乙黨	丙黨
(1)	四〇、〇〇〇①	三〇、〇〇〇②	一〇、〇〇〇⑥
(2)	二〇、〇〇〇③	一五、〇〇〇④	五、〇〇〇
(3)	一三、三三三⑤	一〇、〇〇〇⑥	三、三三三
(4)	一〇、〇〇〇⑥	七、五〇〇⑩	二、五〇〇
(5)	八、〇〇〇⑨	六、〇〇〇	二、〇〇〇
(6)	六、六六六	五、〇〇〇	一、六六六

今假定應分配席次爲三席，則依照上表，第一最高商數爲四萬，第二最高商數爲三萬，第三最高商數爲二萬。因此，甲黨獲兩席，乙黨獲一席，丙黨則不能分配到任何一席次。設若應分配席次爲五席，則甲黨獲三席，乙黨獲兩席，因爲甲黨有三個最高的商數，而乙黨則有兩個。假使應分配席次爲七席，則由於第六最高商數有三個（均爲一萬），則前五席甲黨得三席，乙黨得兩席，已如上述，至於剩下的

兩席，則由三黨抽籤爲之。同理，如果應分配席次爲十席，則甲黨得五席，乙黨得四席，丙黨得一席。

爲臺灣做「科學模擬」

茲以康寧祥先生的提議爲藍圖，假定在臺灣地區應選出立法委員兩百名，則依照西德雙投票選舉制度，則首先應將臺灣地區劃分爲一百個選舉區。而在各個選舉區拿「第一張選票」最高得票數者，得當選爲立委，如此即產生了一百名立委。其次是將應選出的兩百名立委依各個黨團所獲得的「第二張選票」，按照翁德氏的最高商數計算法分配給各個黨團，然後自各個黨團依此所得的席位減去在各個選舉區所贏得的席次，即是各個黨團得從被其提名的候選人名册中依序推薦黨員出任立委的數目。

爲使讀者易於瞭解起見，茲先說明如何將臺灣地區劃分爲一百個選舉區。吾人當以兩院轄市及各省轄市及十六個縣份爲單位，按人口之多寡，依序將各縣市的人口數列表出來，然後使用翁德氏的最高商數計算法，分配各個縣市應得的選舉區數目。如此，臺北縣因人口二百七十萬，居全臺之冠，約可得十四選舉區，而臺北市則十三個選舉區。緊接著，則應在臺北縣劃分出十四個，在臺北市劃分出十三個選舉區出來。這原則上應尊重現有的行政區劃。以臺北縣爲例。平均約每廿萬人劃爲一選舉區。然而人口變遷，在所難免，因此，依西德聯邦選舉法第三條之規定，人口數之偏離平均數不超過百分之二十五者，尚可容許，但如果偏離三分之一以上者，必須重新劃分選區，方爲適法。換句話說，在臺北縣則每十五萬到廿五萬的人口數可以構成一選舉區。但如果因人口異動，使原選舉區人口少於十三萬三千三百卅三人或多於廿六萬六千六百六十六人，則必須重新劃分選區，這比起康寧祥先生的構想——每十萬人選一名，要科學、嚴謹、公平而且具體可行得多了。

按照歷年來的選舉，可以推定採用雙投票制，國民黨可以在絕大多數的選舉區獲勝，但是非國民黨籍人士卻也可以藉「第二張選票」保住應有的席位。茲以近年來的選舉爲依據，假定國民黨有百分之七十的得票率，而黨外中央後援會則約有百分之廿七，其餘百分之三則爲獨立候選人。爲討論方便起見，暫時擱置獨立候選人的問題。如此，則依翁德氏最高商數計算法，國民黨可分配得一百四十五席，而黨外中央後援會則得五十五席。今假定國民黨在八十七個選舉區獲勝，而黨外中央後援會則只贏得十三個選舉區，那麼國民黨除了這八十七席次外，另得由黨提名候選人名册推薦五十八名黨籍立委出來，而黨外則除了在各選舉區贏得的十三席次外，仍得依序推薦四十二名立委。如此，則以「第一張選票」在各個選區被選出來的立委爲一百名，而另外由政黨支持，經由「第二張選票」產生的立委亦爲一百名，合計爲兩百名。

兩張票保障選舉功效

這種選舉制度真是取「多數選舉制」與「比例選舉制」兩者之長，融合而成。因爲無論是「第一張選票」或「第二張選票」，它都是直接選舉；再者，假使「第一張選票」是零值票的話，那民意亦可經由「第二張選票」的「成效價值」反應在國會各黨派的强度裏。由此可見康寧祥先生之提案恰恰相反，可謂集「多數選舉制」與「比例選舉制」之弊端於一身，殊不可取。此外，更值一提者，乃當今之國會，除了長袖善舞的民意代表外更需要各方面的專才，諸如財經專家、行政幹才，或具有特殊協調能力的黨工人員。而這些人卻未必有羣衆魅力，長於演說。還有黨的領導幹部（含黨魁）在選舉中卻也未必有十足的把握可以當選，經由「第二張選票」，這些人士可以在民意對黨的支持下，被安全保送上壘。此種情況在當前的選舉中，也具有不凡的意義。譬如行政院長俞國華先生即可以此方式被選任爲立委，然後以立委身份出任行政院長，則其正當性尤可提高。此外如負責黨政協調的國民黨中央政策會中較爲重要的黨工人員亦可以此方式進入立法院，這對其工作推展之幫助，尤屬難得。至於經由此法可大量延攬專家學者參政，對國民黨形象之改善，當可預料。至於有人以爲採用這種「雙投票制」需以開放黨禁爲前提，亦不盡然。當然，能開放黨禁最好，但即使不開放，也可施行「雙投票制」。蓋執政當局已公開承認黨外中央後援會的存在，只要黨外中央後援會提出其候選人名冊，即可適用翁德氏的最高商數計算法。本文只擬介紹「雙投票制」的大要，許多細節均不及一一提及，尤其有關獨立候選人、山地選區等問題，容後另文討論。

——一九八六年

「老農津貼」風波始末

——新黨爭取「農民年金」策略記實

在「老農津貼」攻防戰中，捉對廝殺的國、民兩黨，均需仰賴新黨的奧援才得以克盡全功。而新黨在朱高正的運籌帷幄下成功地發揮關鍵少數的影響力，巧妙地將延宕二年餘的農民年金制度順利向前推進一大步。本文生動地描繪了「老農津貼」爭議的始末，並言簡意賅地介紹農民年金制度所彰顯的精神，值得一讀。

今（一九九五）年三月九日早上立法院國民黨向新黨承諾「將促請行政院於六月十五日前向立法院提出『農民年金條例』草案，否則將由立法院以委員提案方式直接立法」，於是新黨同意支持國民黨擱置農保條例的審查，立法院院會終於以六十八比五十四的表決結果，暫時平息喧騰一時的「老農津貼」風波。

此次爭議新黨運用高度的議事技巧，在立法院波詭雲譎的政治角力中，凸顯了關鍵性少數黨的角色，也發揮了旋乾轉坤的功能。在二月廿三日立法院就民進黨所提農保條例第十二條第三項增訂條文（亦即老農津貼條款），進行第二輪投票時，由於新黨的支持，該條款得以順利闖關。二週後，國民黨提議擱置該條款的三讀程序，也是由於新黨的支持，而將之順利擱置。新黨在一放一收之間，終於贏得國民黨黨政最高領導階層（包括行政院、立法院）一致同意，在六月十五日之前提出「農民年金條例」草案。

其實二月廿三日，在勞保條例修正案完成三讀後，旋即進行農保條例修正案的審議。當天一大早，開會前，民進黨立委爲了提案增訂老農津貼條款，尋求筆者連署。當時筆者問道：「你們到底是玩真的，還是玩假的？如果是玩真的，我建議將六十五歲改爲七十歲，那麼國民黨就沒有理由和立場反對；如果堅持六十五歲以上，就算偷渡成功，國民黨將來還是會翻案。因爲雖是屈屈五歲之差，一年支出要多出一百億以上。」由於民進黨不接受筆者的建議，因此不便予以連署。

「老農津貼」混淆社會保險與社會救助

當晚七點，院會將進行該條文第一輪表決前，本黨黨團徵詢筆者的意見，筆者以爲硬將老農津貼規定在農保條例，實有違立法體例，而混淆社會保險與社會救助的分際，本黨不宜支持，然而本黨向來照顧弱勢族羣，又不便反對，因此建議黨團投棄權票。及至第二輪表決前，筆者以國民黨遲遲不實施農民年金制度爲由，建議黨團改投贊成票，而促成該條款以六十七比五十順利通過二讀。本黨黨團並於翌日下午召開記者會，說明第二輪投票的策略性考量，並表明只要國民黨承諾在六月三十日之前向立法院提出「農民年金條例」草案，本黨願意協助國民黨擱置「老農津貼」。

三月二日，院會再次審議農保條例修正案，三黨經過冗長的溝通，幾以筆者草擬的協商條文達成共識，即約定六月三十日以前完成「農民年金條例」的立法，並自七月一日起六十五歲以上農保被保險人得按月支領三千元的農民年金。但後因民進黨擔心遭到國民黨農業縣立委的指責，以致功敗垂成，院會也因而在下午四時三十分提早散會。

三月九日，院會第三次審查農保條例修正案，民進黨急於完成三讀，本黨則在立院黨團召集人李慶華委員、陳癸淼委員與筆者的斡旋下，與國民黨立法院負責人劉松藩、王金平、饒穎奇、洪玉欽、廖福本、陳傑儒等六人達成協議，二黨聯手擱置農保條例修正案的審查，而引起民進黨的强烈反彈。在「老農津貼」的爭議中，本黨完全達成預設的戰略目標，即先策略性地支持「老農津貼」，從而逼使國民黨承諾今年六月三十日前完成「農民年金條例」的立法。國民黨別無選擇，完全接受本黨的主張，民進黨則是功虧一簣，全線潰敗。

從推動農保提前全面實施、降低農民保費的分擔比例，到爭取中央政府全額補助「農田水利會費」（俗稱「水租」），筆者自從政以來，秉持社會公平正義的原則，對農民正當權益的爭取一向不遺餘力。尤其是農民年金制度筆者已倡議六年有餘，更是本居立委選舉的首要政見。選舉期間筆者並於八十一年九月廿日，在《台灣時報》發表〈讓老農也可領退休金——進入GATT取消稻穀保證收購措施之後〉一文。該文應是從宏觀角度論述農民年金制度最爲精要的一篇著作。

爲「農民年金制度」奔走逾六年

八十一年底筆者再度高票連任之後，馬上向當時的行政院秘書長王昭明及行政院長郝柏村進行密集的遊說；另外則向農委會主委孫明賢提出有關要求建立農民年金制度的強勢質詢。及至翌年元月六日，《聯合報》將筆者爲農民年金向郝院長所提的說帖，全文刊載。翌日在行政院會議結束前，郝院長即依照該說帖主動宣佈，這也是政府第一次宣佈採行農民年金制度。

由於當時正值內閣人事異動的前夕，筆者爲了避免農民年金制度的推動受到影響，乃在二月五日李總統約見立委時，要求並得到李總統當場承諾，保證農民年金制度絕不受內閣異動影響。之後，在閣揆被提名人連戰應邀到立法院提施政方針，及下鄉到北港尋求筆者支持時，連戰本人二度口頭允諾，並在其施政報告中白紙黑字將農民年金制度與全民健保一同列爲施政重點。

雖然，在筆者的極力奔走遊說下，現任行政院長與現任總統，一再宣示實施農民年金制度，爲何遲至今日連草案仍未見政院提出？筆者認爲，民進黨要負相當的責任。因爲該黨於八十二年五月以極不負責任的態度提出「老人年金」的訴求，完全不顧及年金制度的基本精神——「社會連帶」與「跨代互助」，只知以需索無度的「福利」來討好選民，以期贏得當年縣市長的選戰。行政院長連戰亦坦承，民進黨在縣市長選舉期間提出老人年金的訴求，產生極爲嚴重的政策干擾與排擠的效應，致國民黨只得把農民年金和國民年金一併規劃。農民年金因此就在民進黨的短視近利與國民黨的權宜應變之下，被延誤了二年。

因應入關，優先實施農民年金制度

不過，筆者仍鍥而不捨，八十二年十一月五日於立法院的總質詢中，要求行政院「如果無法承諾國民年金在一年內規劃完成，則應先實施農民年金」。事實上，筆者相當清楚，國民年金面臨勞、農、軍、公、教等不同保險體系的整合，需要精算後才能規劃合理的制度，如此，五年內「國民年金」恐仍難定案。因此筆者要求先實施農民年金。尤其加人ＧＡＴＴ在即，過去政府照顧農民的主要政策，即稻穀保証收購價格，勢必逐年減少，終至取消。政府應以歐、美間的貿易談判爲借鏡，汲取歐洲小農制對抗美國大農制的經驗，將照顧農民的政策轉移至促進農產品產銷合理化、降低生產成本，包括改善交通、冷凍、倉儲等設備，並以社會政策的補貼，來代替直接的價格補貼，而農民年金正是其中最重要的措施。

農民年金與老農津貼的主要差別，在於前者基本上是共同儲蓄以達養老目的的社會保險制度，即農民在從農期間每月繳納定額的年金保險費，退休離農之後，即可按月支領年金。今試以德國自一九五七年實施的制度來規劃我們的農民年金制度，則目前農保被保險人可分爲三類，第一類爲五十歲以下，將來每月按時繳交保費，滿十五年後，得領取全額年金；第二類爲五十至六十五歲，因繳交保費未滿十五年即退休，只能領取減額年金；第三類已逾六十五歲者，因已奉獻一生，得不繳保費而領取半額年金。這種減額、半額年金的設計，乃建立新制度之初所必需的過渡性安排。至於民進黨所提的老農津貼，則是濫用國家資源。目前六十五歲以上參加農保的被保險人約五十四萬人，而未滿六十五歲的則有一百二十萬人。如儘早採用農民年金制度，則政府按月可以向這一百二十萬人收取年金保險費，如採行老農津貼，則只出不入，財政負擔必日益加重，終致取消津貼的發放。此外農民年金制度仍有降低從農年齡、擴大農戶耕作面積、提高單位面積產值，改善農民所得等政策功能。它不僅是社會政策，也是經濟政策與所得政策。

一放一收，新黨策略運用成功

民進黨立委違反立法體例，想以粗魯而不負責任的訴求，來爭取老農津貼，實不足為訓。民進黨的目的是要以老農津貼來化解其所執政的縣市已無法繼續支付老人津貼的窘境。另一方面，國民黨在民進黨長期漫天要價的逼迫下，導致嚴重的行政懈怠，令人不齒。只有本黨一本初衷全力推動農民年金制度，圓滿達成預期目標。在立法院屢屢作出令人不敢苟同、甚或令人痛心疾首的決議的今天，本黨運用高度的議事技巧，堅守立場，順利爭取到農民年金制度，洵為可貴。也因此我們更加確信，今年年底的立委選舉，如能讓本黨贏得更多席次，真正形成「三黨不過半」的態勢，本黨定能對國家整體利益及全民長遠福祉做出更為卓越的貢獻。

——《新黨通訊雜誌》第二十四期

一九九五年四月一日

跋

《朱高正作品精選集》輯錄筆者最近十年來的作品，編爲《現代中國的崛起》、《台灣民主化的經驗與教訓》及《縱橫古今談》三卷。

筆者自一九八五年九月由歐洲學成歸國，以迄一九九五年七月，合計發表約二百萬言，其中與《易經》有關的約五十萬言，編爲《周易六十四卦通解》、《易經白話例解》與《乾坤大挪移》三書，由「台灣商務印書館」發行。今則從另一百五十萬言中挑揀出最具代表性的五十萬言，編爲《精選集》三卷。

在此之前，筆者的作品大多蒐集在《和平革命》四書（依次爲《春雷1986》、《驚蟄1987》、《大風起1988》、《雲飛揚1989》）、由天下文化出版公司於一九九三年印行的《和平革命》、《新社會》、《再造傳統》三書，以及由歐洲文教基金會於一九九四年編印的《撥亂反正》一書。

《朱高正作品精選集》乃筆者返台以來的人文思考所留下的實錄。自投入選舉以來，筆者一直被視爲台灣最具爭議性的政治人物；此實肇因於筆者本就不宜以一般政治人物的標準來評量。筆者經營文字自成一格，《精選集》中幾無應景之作或國會質詢稿。大多數作品是具有高度針對性的思想論述和人文關懷，尤其是收錄在第三卷《縱橫古今談》的文章更是值得向讀者諸君推薦。此外，即使是對現實政治的批判或對當代人物的月旦，也莫不以學理爲依據，以史實爲借鑑。總之，收錄在第一、三兩卷的作品較能反映出筆者的襟抱與終極關懷；至於收錄在第二卷的作品則多與現實政治有關。

筆者涉身政治，總是抱持「但開風氣之先」的自我期許。一九八六年是筆者的「黨外時期」，在風聲鶴唳的戒嚴體制下，毅然投入黨外民主運動。爲突破黨禁，筆者運籌於內，衝鋒於外，乃能於九月廿八日圓山大飯店的黨外集會中，輔以「臨門一腳」，肇建了台灣第一個反對黨——民主進步黨。這段期間的作品，如〈組黨是人民的基本權利——一個憲法解釋的嘗試〉和〈辯證邏輯與民主政治〉（收在第二卷），都已是台灣邁向政黨政治的重要文獻。

一九八七到八九年是筆者的「民進黨時期」。這段期間，爲了台灣的民主化，爲了政黨政治的健全發展，從解除戒嚴、國會全面改選到廢除臨時條款，筆者無役不與，也常在緊要時刻扮演關鍵性的角色。對於「非常體制」違憲性的批判和國會全面改選的法理基礎，在第二卷有關「回歸民主憲政」的篇章中可以尋獲。筆者苦心孤詣，對民進黨發展過程中的偏差時常提供建言：〈政黨政治的省思與展望〉和〈民進黨健全發展的危機〉都是這一類的逆耳忠言。政黨政治的雛型在筆者縱橫捭闔之下亦得以確立，包括民進黨立法院黨團的組建及其與國民黨溝通、互動的模式，也是在筆者全力參與下逐漸完成的。及至後來民進黨悖離「住民自決原則」而採行「台獨」黨綱，筆者基於民族大義，義無反顧地離開手創的政黨。其實，早在八八年筆者即不反對台灣有一個主張台獨的政黨，俾中共蠻橫不講理或大陸又發生類似文革悲劇時，我們就可讓台獨的聲浪高些，以保障台灣全體同胞的福祉，並為建立一個尊重人權、政治民主、社會公平正義有保障的新中國保留一絲生機。但筆者可不希望民進黨就是這個政黨，因為這樣的政黨註定淪為他黨的籌碼，而不可能成為執政黨。而今台獨基本教義派也已決定由民進黨出走，自組建國黨，正應驗筆者當年的「逆耳忠言」，相信今後民進黨當可順利走出悲情的陰影，為我國未來政黨政治的發展做出更正面的貢獻。

一九九〇到九三年是筆者的「社民黨時期」。〈我對另組新黨的沈思——社會菁英的政治責任〉（第二卷）一文明確表達我對時局的憂心和組織新政黨、結合社會菁英以救國救民的初衷。嗣後，筆者的國家哲學——有關「法治國」、「社會國」與「文化國」的理論與實踐——則展現在第一卷有關「立足傳統的國家現代化理想」的篇章中。

一九九三年，新國民黨連線從國民黨出走，台灣政壇上的「第三勢力」起了結構性的變化。筆者於是積極參與促成「第三勢力」的整合，以與國民黨和民進黨相抗衡。〈與新黨對等合併之後，我們應有的努力方向〉（第二卷）一文提供了當初社民黨與新黨「對等合併」的第一手資料。終於在一九九五年底，筆者不計名位、毀譽，領軍跨越濁水溪，在高雄建立了新黨南進的橋頭堡。

筆者從政十年，不管遭逢任何橫逆頓挫，皆一本知識分子的良知，有所為，有所不為，絕不因現實利害的轇轕而扭曲應有的堅持。

最後，筆者要感謝「台灣學生書局」，在本《精選集》由筆者自行發行五千套之後，仍予以重新出版，俾更多人士得以接觸到筆者的作品。筆者同時也要感謝前中央研究院院長吳大猷先生慨然作序，更增添本書的光彩。

朱高正謹識於一九九六年 十一 月一日

國家圖書館出版品預行編目資料

朱高正作品精選集，第二卷，**臺灣民主化的經驗與教訓**
／朱高正著. --一版，--臺北市：
臺灣學生，民85
面；　公分
ISBN 957-15-0762-8(平裝)

1.政治－臺灣－論文，講詞等

573.07　　　　85007019

朱高正作品精選集 第二卷
臺灣民主化的經驗與教訓

著作者：朱高正
出版者：臺灣學生書局
發行人：丁文治
發行所：臺灣學生書局
臺北市和平東路一段一九八號
郵政劃撥帳號〇〇〇二四六六八號
電話：三六三四一五六
傳眞：三六三六三三四

本書局登記證字號：行政院新聞局局版臺業字第一一〇〇號

印刷所：豪信彩色照相製版有限公司
地址：台北市長泰街一三九巷二一號
電話：三〇五八二七二

總經銷：北城圖書有限公司
地址：三重市大智街一三九號
電話：九八一八〇八九

定價平裝新臺幣四〇〇元

西元一九九六年十一月學一版

57308

ISBN 957-15-0762-8（平裝）